Manfred Ritter
Sturm auf Europa

W0055610

Manfred Ritter

Sturm auf Europa

Asylanten und Armutsflüchtlinge
Droht eine neue Völkerwanderung?

v. HASE & KOEHLER

© 1990 v. Hase & Koehler Verlag, München
Alle Rechte vorbehalten
Satz: ICS Communikations Service GmbH,
Bergisch Gladbach
Druck: Neuwieder Verlagsgesellschaft mbH, Neuwied
ISBN 3-7758-1208-3
Printed in Western Germany

Inhalt

Vorwort

Mehr als eine Milliarde Menschen leben an der Hungerschwelle und haben keine Aussichten, daß sich ihre Situation
bessern könnte. Statistiken der UNO sprechen von 40 000
täglich verhungernden Kindern. Entscheidende Ursache des
Hungers ist die Bevölkerungsexplosion in den Entwicklungsländern. Eine durchschnittliche Zuwachsrate von 80 Millionen Menschen pro Jahr läßt die Weltbevölkerung bis zum
Jahr 2000 auf ca. 6 Milliarden ansteigen. Die Nahrungsmittelproduktion kann mit dieser Entwicklung nicht mithalten. Im
Gegenteil − die Bevölkerungsexplosion zwingt zu rücksichtsloser Ausbeutung der Natur. Durch Klimaveränderungen und
Erosion werden jedes Jahr gewaltige Flächen fruchtbares
Land vernichtet und die Wüste rückt unaufhaltsam weiter vor.
Diese Zerstörungen können auch durch Produktionssteige-
rungen mittels moderner Technik, künstlicher Düngung und
biologischer Forschung langfristig nicht ausgeglichen werden.
Ist es bei dieser hoffnungslosen Situation in den meisten
Entwicklungsländern nicht verständlich, daß ihre Bewohner
voll Sehnsucht in die reichen Industrieländer blicken, in denen
Milch und Honig zu fließen scheinen?
Müssen den Menschen aus den Entwicklungsländern unsere
Sozialhilfesätze nicht wie fürstliche Einkommen erscheinen?
Ist es nicht naheliegend, daß ihnen, auch wenn sie nicht zur
ärmsten und hungernden Schicht gehören, eine Einwanderung in ein Industrieland als die große Chance erscheinen
muß?
Es bedarf keiner großen Phantasie, um sich vorzustellen, daß
weltweit 1−2 Milliarden Menschen sofort bereit wären, in
eines dieser »paradiesischen« Industrieländer auszuwandern,
wenn sich die Möglichkeit dazu böte. Die Zahl dieser poten-
tiellen Einwanderer wächst aufgrund der Bevölkerungsexplosion ständig.

Wehe dem Industrieland, das seine Pforten diesen Einwanderungsströmen öffnet. Es würde in kürzester Zeit so mit Menschen überschwemmt, daß es selbst zum Hungerland würde.
Lediglich die großen Entfernungen und die für Hungernde
unerschwinglichen Reisekosten haben bisher eine Überflu-
tung der Industriestaaten mit relativ liberalen Einreisebestim-
mungen verhindert.

Der Einwanderungsdruck wächst jedoch ständig und die
Dämme, die die Industrieländer aus Selbsterhaltungstrieb
gegen die näherrückende Völkerwanderung errichten, müssen
immer höher gezogen werden.

Können wir überhaupt »Dämme« errichten, die stark und
hoch genug sind, um der anrückenden Menschenflut standzu-
halten?

Ist der Zeitpunkt absehbar, an dem die Dämme brechen?

Werden die in Europa lebenden Völker das 21. Jahrhundert
überleben – oder werden sie überrollt, wie einst das römische
Weltreich?

Niemand kann sichere Prognosen über die Zukunft abgeben,
da unabsehbare Ereignisse die Entwicklung in andere Rich-
tungen lenken können.

Die Geschichte lehrt uns, daß zu großer Optimismus meistens
unberechtigt ist. Wunder sind in der Geschichte höchst selten,
und es ist töricht, zu erwarten, daß alles so bleibt wie bisher
oder daß alles in der gleichen Weise weiterläuft. Wer seine
Politik darauf aufbaut, daß die berühmten »sieben fetten
Jahre« des Alten Testaments bei uns – nach rund 40 Jahren
ohne größere Krisen der Weltwirtschaft – ewig andauern
werden und auf dieser Illusion gar eine Einwanderungspolitik
aufbaut, läßt jede Vernunft vermissen.

Da Politiker vielfach nur in Zeiträumen bis zur nächsten Wahl
zu denken und planen pflegen, ist allerdings nicht auszuschließen, daß sie im Verein mit einfältigen Humanitätsaposteln die
Interessen ihrer Wähler mißachten und diese mit einer wahn-
witzigen Einwanderungspolitik ruinieren.

Dieses Buch ist ein Appell an unsere Politiker und andere führende Vertreter der gesellschaftlich relevanten Gruppen. Es ist zugleich ein Versuch, Wege aufzuzeigen, wie man das »christliche Abendland« angesichts der von vielen noch nicht erkannten ungeheueren Bedrohung durch eine alles zerstörende Völkerwanderung retten kann.

Um das drohende Völkerwanderungsproblem richtig zu erkennen, bedarf es einer umfassenden Analyse der weltpolitischen Lage und der Strukturen und Denkweisen in den beteiligten Ländern. Die ersten sieben Kapitel des Buches befassen sich vorwiegend mit diesen Hintergrundproblemen. Nur wer sie kennt, kann einen Diskussionsbeitrag zur Asyl- und Einwanderungsproblematik abgeben. Er wird erkennen, daß Europa am Scheideweg steht und nur die Abschottung vor einer Masseneinwanderung von Armutsflüchtlingen eine Chance für uns bietet, auch in Zukunft noch menschenwürdig zu leben und vor allem zu überleben.

Wir können nur hoffen, daß u. a. durch dieses Buch bei den Entscheidungsträgern noch rechtzeitig ein Umdenkungsprozeß eingeleitet wird, der sie erkennen läßt, daß die europäischen Völker nur überleben können, wenn sie konsequent eine Einwanderung aus außereuropäischen Ländern verhindern.

Jeder Leser möge daher das Seine zur Verbreitung dieser Erkenntnisse beitragen.

I. Der Marsch in den Untergang

Als am 1. 1. 1900 die Glocken das 20. Jahrhundert einläuteten, stand Europa auf dem Höhepunkt seiner Macht. Die Europäer waren unangefochtene Herren großer Teile der Erde. Sie betätigten sich als »Weltpolizei« und kontrollierten Weltwirtschaft und Welthandel.

Hinter allem stand das europäische Bürgertum, dem es unabhängig von der jeweiligen Staatsform gelungen war, nahezu alle wesentlichen Machtpositionen zu erobern. Man erwartete voll Optimismus goldene Zeiten.

Es gab zwar auch pessimistische Stimmen. Diese beruhten jedoch meist nicht auf einer nüchternen Analyse der politischen Lage, sondern auf Emotionen und teils auch auf einer dekadenten Grundstimmung bei Teilen des Bürgertums und des Adels.

Wer konnte damals auch erwarten, daß 14 Jahre später aufgrund eines relativ belanglosen Ereignisses (Ermordung des österreichischen Thronfolgers in Sarajevo durch einen politischen Fanatiker) der Erste Weltkrieg ausbrechen würde, den man zutreffender als ersten selbstmörderischen europäischen Bürgerkrieg bezeichnen sollte.

Statt alles zu tun, um ihre mühsam erworbene Machtposition in der Welt zu erhalten, fühlten sich die europäischen Regierungen dazu berufen, ihre Völker in einen sinnlosen Bruderkrieg zu treiben.

Die völlige Fehleinschätzung der Kräfteverhältnisse und die Gier nach Vergrößerung ihrer politischen und wirtschaftlichen Macht bestimmte das Handeln dieser »Staatsmänner«. Ernsthafte Friedensbemühungen unterblieben. Sie hätten wohl aufgrund der psychologischen Situation im damaligen Europa auch keine Chance gehabt.

Nach dieser ersten europäischen Katastrophe standen die Gewinne der europäischen Siegermächte in keinerlei Verhältnis zu den gebrachten Opfern. Es war ein klassischer Pyrrhussieg.

Dies wollte man vor den eigenen Völkern, denen man gewaltige Opfer abverlangt hatte, nicht eingestehen. Statt die richtigen Lehren aus der Katastrophe zu ziehen und zu einer dauerhaften Friedensordnung zu kommen, die in eine enge europäische Zusammenarbeit hätte einmünden können, glaubte man, die besiegten Staaten zerschlagen und ausbeuten zu können. Die großen Propagandasprüche von Freiheit, Gleichheit und Brüderlichkeit und vor allem vom Selbstbestimmungsrecht der Völker galten »selbstverständlich« nicht für die Besiegten, deren Staaten man im Falle der Donaumonarchie zerstückelte und im Falle des deutschen Reiches erheblich verkleinerte.

Dazu kam eine wirtschaftliche Ausbeutung, der durch den Krieg ohnehin erschöpften Besiegten. Diese Ausbeutung betraf — wie dies in der Weltgeschichte so üblich ist — in erster Linie den »kleinen Mann«, der in seiner Verzweiflung bei radikalen Parteien Zuflucht suchte.

Trotz dieser Not, die durch die Weltwirtschaftskrise erheblich verschärft wurde, gelang es jedoch auch der NSDAP nicht, die absolute Mehrheit im Deutschen Reichstag zu gewinnen. Nicht die deutschen Wähler brachten Hitler im Jahre 1933 an die Macht, sondern Vertreter demokratischer Parteien, die dem Ermächtigungsgesetz zustimmten und damit der Demokratie den Todesstoß versetzten.

Diese Tatsache hindert heute jedoch viele Meinungsmacher nicht im geringsten, die Schuld an der Machtergreifung Hitlers und an deren Folgen dem »Volk« und damit in erster Linie dem kleinen Mann in die Schuhe zu schieben.

Der kleine Mann, der ohnehin noch nie viel zu sagen hatte, wird von den Mächtigen, nicht nur in Diktaturen, sondern auch in Demokratien, immer nur als Spielball ihrer Interessen betrachtet.

Wenn die Rechnung der Mächtigen nicht aufgeht, dient er als

Sündenbock – und sei es auch nur, damit er nicht zu murren anfängt. Haben die Mächtigen jedoch Erfolg, fragt niemand nach den Opfern, die die Bevölkerung für diesen Erfolg brachte. Er gilt vielmehr allein als das Verdienst der Machthaber.

Nach Hitlers Meinung war das deutsche Volk seiner nicht würdig und nicht wert zu überleben. Nicht er war für den Zusammenbruch Deutschlands verantwortlich, sondern das »unwürdige Volk«, das seine utopischen Wünsche nicht erfüllen konnte.

Vergleichbare Vorwürfe bekommen wir heute von deutschen »Bußpredigern« zu hören, die wiederum »das Volk« für Hitler und die Folgen verantwortlich machen, um es so leichter manipulieren und zu weiteren Opfern zwingen zu können.

Die Heuchelei der jeweiligen Machthaber gegenüber ihren Völkern ist zutiefst unmoralisch. Die einfachen Leute, die die große Masse der Bevölkerung ausmachen, dürfen ihnen nur zujubeln. Sie wurden jedoch noch nie gefragt, wenn die Mächtigen wichtige und für das Volk schicksalhafte Entscheidungen trafen. Wurde denn jemals vom Volk darüber abgestimmt, ob man in einen Krieg ziehen soll?

Wenn daher heute Propagandisten die kleinen Leute auffordern, den Kindern kein Kriegsspielzeug zu geben, da so die kriegerischen Instinkte unterdrückt und der Frieden gesichert werden könnte, sind sie entweder übelste Heuchler, die das Märchen vom Einfluß des kleinen Mannes auf die Politik verbreiten oder aber unglaublich einfältig.

In dieser und ähnlicher Form wird dem kleinen Mann vorgegaukelt, daß er etwas zu sagen habe, während die Mächtigen in Wirklichkeit gar nicht daran denken, ihn ernsthaft an wichtigen Entscheidungsprozessen zu beteiligen. Demokratie – also Volksherrschaft – steht insoweit nur auf dem Papier. Wer fragt denn bei uns die Bevölkerung, ob sie eine Masseneinwanderung nach Deutschland will? Wer hat sie gefragt, als Millionen Gastarbeiter ins Land geholt wurden, um eine überhitzte Konjunktur noch mehr anzukurbeln und einigen Unternehmern noch höhere Gewinne zu verschaffen? Die Folgekosten darf der kleine Mann allerdings bezahlen.

Der Gipfel der Infamie ist jedoch, wenn die Machthaber ihre Opfer für ihre Mißerfolge verantwortlich machen und ihnen eine moralische Schuld bzw. Haftung zuweisen. Die Fürsten vergangener Epochen nahmen zwar auch meist keinerlei Rücksicht auf ihre Untertanen. Sie sanken jedoch moralisch niemals so tief, diesen die Schuld an ihren Niederlagen zuzuschieben.

Wenn wir daher Ehrlichkeit und Humanität als christlich-abendländische Tugenden bewahren wollen, müssen wir Schluß machen mit der schändlichen Lüge, daß die Völker für die Taten und Untaten ihrer Führer verantwortlich seien.

Völker sind nie verantwortlich. Sie sind immer nur Opfer! Dies war in der Vergangenheit so und wird auch in Zukunft so bleiben. Im Gegenteil – bei den immer perfekter werdenden Systemen der Massenbeeinflussung mittels Bild, Ton und Schrift ist eine noch weitergehende Entmündigung der Völker zu befürchten.

Wer daher die Völker für die Taten ihrer Machthaber verantwortlich macht, ist nicht nur ungerecht, sondern schürt bewußt oder unbewußt auch Haß und Feindschaft zwischen den Völkern.

Völker sind immer unschuldig!

Vom logischen und moralischen Standpunkt aus kann nur der einzelne schuldig werden. Nur er kann vor die Entscheidung gestellt werden, ein verwerfliches Tun zu unterlassen oder zu verhindern. Daher kommt auch niemand auf die Idee, die Taten von Kriminellen ihren jeweiligen Völkern zuzurechnen.

Warum soll diese vernünftige und gerechte Betrachtungsweise dann nicht mehr gelten, wenn es kriminellen Ideologen gelingt, politische Macht zu erobern und ihre Schandtaten im Namen des Staates zu begehen? Welche Möglichkeit hat ein einfacher Bürger, einen Diktator und seine Helfer von ihren

Verbrechen abzuhalten? Wenn er aufbegehrt, wird er inhaftiert oder umgebracht.

Die Geschichte hat gezeigt, daß kriminelle Machthaber in allen Völkern willfährige Gehilfen finden. Dies darf aber nicht den Blick auf die große Masse der anständigen Menschen in allen Völkern verdecken. Gerechtigkeit muß sich vor falschen Emotionen hüten. Wir neigen alle aufgrund unserer menschlichen Natur zu einer kollektivierenden Betrachtungsweise und wollen die Schandtaten einzelner nur zu gern ihren jeweiligen Völkern zurechnen. Hier müssen wir jedoch unbedingt der Vernunft folgen, auch wenn es uns noch so schwer fällt.

Man kann es daher nicht oft genug wiederholen: Schuldig werden können immer nur einzelne, niemals aber ganze Völker.

Unter diesem Aspekt muß auch der Zweite Weltkrieg gesehen werden. Welche Machthaber in den beteiligten Ländern auch immer eine Mitschuld an diesem Krieg hatten — ihre Völker waren unschuldig.

Der Zweite Weltkrieg, der im Ergebnis genau wie der erste vor allem ein selbstmörderischer europäischer Bürgerkrieg war, brachte den beteiligten Völkern unermeßliches Leid und unermeßlichen Schaden.

Die europäischen Völker sind aufgrund ihrer Abstammung miteinander verwandt. Auch aufgrund ihrer gemeinsamen Kultur und Religion wären sie dazu berufen gewesen, brüderlich zum gemeinsamen Nutzen zusammenzuarbeiten. Daß sie sich statt dessen zu Millionen umbrachten, ist eine Tragödie.

Den Politikern, die diese Tragödie zu verantworten haben, muß man allerdings zubilligen, daß sie das Ausmaß ihrer Entscheidungen nicht voll überblicken konnten. Die menschliche Natur ist offenbar für die Machtmittel, die ihr heute Wissenschaft und Technik zur Verfügung stellen, nicht geschaffen. Wenn die kriegerischen Instinkte von Steinzeitmenschen, die ihre Jagdreviere gegen fremde Eindringlinge verteidigen mußten, um zu überleben, auf Völker übertragen werden, die die modernen Massenvernichtungsmittel besitzen – dies gilt heute noch viel mehr als im Zweiten Weltkrieg – kann dies nur katastrophale Folgen für Sieger und Besiegte haben.

Daß die menschliche Natur für die moderne Technik nicht programmiert ist und daß die Menschen deshalb heute nur durch konsequente Anwendung der Vernunft überleben können, gilt nicht nur im Hinblick auf das atomare Vernichtungspotential, das ausreicht, um alles Leben auf unserem Planeten auszurotten, sondern auch hinsichtlich der weltweit zunehmenden Umweltzerstörungen.

Der Mensch zerstört seine Lebensgrundlagen. Er sägt den Ast ab, auf dem er sitzt.

Wenn man bedenkt, daß die genetische Programmierung der Menschen viel Ähnlichkeit mit der eines Wolfsrudels aufweist, muß man das Schlimmste befürchten. Wie soll sich hier die Vernunft durchsetzen? Es bedarf daher einiger Wunder, die die biblischen Wunder an Qualität und Quantität erheblich übertreffen müßten, um die Menschheit noch zu retten.

Wie wenig die menschliche Vernunft vermag, obwohl sie die entsprechenden Lehren aus der Geschichte hätte ziehen können, zeigt die Politik der Sieger des Zweiten Weltkrieges, die zunächst die Besiegten in noch weit brutalerer Form unterdrückten und ausbeuteten als nach dem Ersten Weltkrieg. Zum Glück für die Besiegten kam es alsbald zum Konflikt zwischen den eigentlichen Siegern dieses Krieges, nämlich den USA und der UdSSR. Diese Mächte benötigten dringend Verbündete. So erhielten die Deutschen in Ost und West die Möglichkeit zum Weiterleben. Nicht Humanität veranlaßte die Sieger, sich vernünftig gegenüber den Besiegten zu verhalten, sondern die uralten Machtinstinkte ließen sie nach allen denkbaren Verbündeten suchen.

Außerdem geschah ein »Wunder«, das nach den Zerstörungen des Zweiten Weltkriegs in Europa von niemandem erwartet wurde. Die Wirtschaft in der Bundesrepublik Deutschland erholte sich in einem nicht für möglich gehaltenen Tempo. Dazu kamen weltweit erhebliche Fortschritte von Wissenschaft und Technik, die den Europäern und anderen Industriestaaten eine Blüte der Wirtschaft und des Wohlstandes brachte, wie sie in der Geschichte in dieser Größenordnung noch nie zuvor erreicht wurde.

Vermutlich war dieser Wohlstand zumindest in gleichem Maße wie das System der Abschreckung durch Nuklearwaffen, dafür ursächlich, daß eine große militärische Konfrontation zwischen Ost- und Westmächten unterblieb und daß man sich darauf beschränkte, Stellvertreterkriege zu führen.

Wer wohlhabend ist, kämpft nicht selbst, sondern läßt die Ärmeren kämpfen.

Was geschieht jedoch, wenn dieser Wohlstand einmal zu Ende gehen sollte oder wenn man um die immer knapper werdenden Rohstoffe kämpfen muß, von denen der Wohlstand auf Gedeih und Verderb abhängig ist?

Im Augenblick gibt es zwar zahlreiche Warner und man beginnt auch zu fragen, mit welchem Preis der Umweltvernichtung dieser Wohlstand bezahlt wird. Diese Überlegungen werden jedoch nicht allzu ernst genommen oder verdrängt, da der Mensch Unangenehmes – aufgrund seiner im Prinzip optimistischen Natur – meist erst dann zur Kenntnis nimmt, wenn ihm das Wasser bis zum Halse steht.

Außerdem tröstet sich der einzelne mit dem Gedanken, daß er ohnehin keinen Einfluß auf die Entwicklung nehmen kann und daß vor allem die führenden Politiker dazu aufgerufen wären, sich über die Zukunft Gedanken zu machen.

Wenn unsere gutgläubigen Bürger allerdings wüßten, wie wenig Gedanken sich die meisten Politiker um die Zukunft machen und welche Gedanken ihnen vorwiegend im Kopf herumgehen, hätten sie vermutlich schlaflose Nächte.

Man hat den Eindruck, daß in der gesamten Welt die verantwortliche Führungsschicht von den Problemen völlig überfordert ist und daher mehr oder weniger resigniert oder aber nach dem Motto »nach uns die Sintflut« nur noch möglichst große Vorteile für sich und ihre Angehörigen herauszuschlagen sucht.

Wer fühlt sich denn von unseren Politikern und Wirtschaftsführern für die Gesamtheit eines Volkes oder gar für die Zukunft der Menschheit verantwortlich oder zuständig? Wer richtet seine Politik und seine Handlungen nach dem Wohl der übrigen Menschen aus?

Und was treiben unsere Medien, die sich so gern als das kritische Gewissen der Menschheit sehen? Laufen sie nicht meist nur populären Scheinproblemen hinterher? Die schwer »verkaufbaren« unbequemen Wahrheiten und lebensbedrohlichen Probleme werden doch nur zu oft verschwiegen.

Hierzu kommt ein zunehmender Triumph der Mittelmäßigkeit und des Provinzialismus in vielen Bereichen der Politik. Eigenwillige, schöpferische und leidenschaftliche Persönlichkeiten haben in einer Zeit, in der stromlinienförmige Anpassung gefragt ist, in der Politik kaum noch eine Chance. Politische Persönlichkeiten wie etwa Strauß oder Wehner, die der deutschen Nachkriegspolitik durch den leidenschaftlichen Einsatz für ihren politischen Standpunkt Farbe und Glanz verliehen haben, hätten heute in ihren Parteien kaum Aufstiegschancen, wenn sie als Namenlose anfangen müßten. Sie würden vermutlich als zu radikal, zu undiplomatisch und zu wenig anpassungsfähig disqualifiziert. Wer soll bei einer solchen politischen Führungsstruktur unpopuläre Wahrheiten verkünden und unpopuläre Maßnahmen durchsetzen?

Der »Softie« ist in der Politik gefragt. Stärke wird nur in der innerparteilichen Auseinandersetzung bei der Verteilung der Pöstchen benötigt. Ein starker Mann, der seinen Auftrag ernst nimmt und das, was er als notwendig erkennt, mit Konsequenz durchsetzt, würde nach Meinung vieler Parteimanager nur Anstoß erregen.

So ist es nun einmal in einer Zeit, in der die Werbung für die Parteien mit den gleichen Methoden betrieben wird, wie für Waschmittel.

Die Ergebnisse dieser Personalauswahl in der Politik sind immer deutlicher erkennbar. Es wird immer weniger regiert, sondern meist nur noch verwaltet.

Dies liegt zum Teil auch daran, daß führende Politiker oft so stark mit nebensächlichen Repräsentationsaufgaben ausgelastet sind, daß sie keine Zeit mehr finden, in Ruhe über ein Problem nachzudenken bzw. sich die dafür nötigen Kenntnisse zu verschaffen. Die Denkarbeit wird dann von den Mitarbeitern der Ministerien oder den persönlichen Referenten der Politiker übernommen. Diese entscheiden daher letztlich, was der Politiker sagt und denkt.

Sie könnten eigentlich große Teile der politischen Macht übernehmen, wenn sie nicht typische Beamte mit einem ausgeprägten Sicherheitsbedürfnis wären, die jedes Risiko für ihre Karriere vermeiden wollen. Ohne Mut zum Risiko kann man aber weder unmittelbar noch mittelbar regieren. Ist es bei dieser Lage verwunderlich, daß bei uns kaum noch regiert, sondern nur noch verwaltet wird?

Offenbar glauben auch viele, daß man dem Volk, das durch den Wohlfahrtsstaat verweichlicht sei, unbequeme Wahrheiten nicht mehr zumuten könne.

Verweichlicht sind jedoch vor allem die Mitglieder unserer wohlhabenden und intellektuellen Schichten. Bei den letzteren ist auch der vor einem Jahrzehnt noch beklagte »Verfall der Werte« – heute beklagt man ihn nicht mehr, sondern hat sich mit ihm offenbar weitgehend abgefunden – am meisten fortgeschritten.

Diese Erscheinungen verstecken sich dann hinter wohlklingenden Formulierungen von Liberalität, Toleranz und Weltoffenheit.

Man zeigt Verständnis für menschliche Schwächen, auch wenn sie noch so sozialschädlich sind und geht teilweise sogar soweit, die Untugend zur Tugend zu erklären und den Idealismus zur Dummheit.

Diese tödliche Krankheit, der bereits viele Hochkulturen zum Opfer gefallen sind, ergreift aber zuerst und in erster Linie die Führungsschichten. Wenn der Kampf ums Überleben wegfällt, geraten die alten bewährten Wertordnungen in Vergessenheit.

Der Intellektuelle neigt aufgrund seiner Ausbildung dazu, alle Erscheinungsformen des Lebens zu abstrahieren und zu relativieren. Er gerät damit in immer größere Distanz zur Realität. Seine Anfälligkeit für utopische Traumtänzereien wird so vorprogrammiert.

Ist es bei diesen Verhältnissen verwunderlich, daß die meisten unserer Politiker die Dinge lieber treiben lassen und hoffen, daß sich alles schon irgendwie von selbst lösen wird? In dieses von den nicht mehr »regierenden« Politikern hinterlassene Machtvakuum stoßen andere Kräfte und verwenden die Politiker als Werkzeuge ihres Willens. Der Einfluß der Interessenverbände wächst entsprechend. Den größten Anteil an den von den Politikern geräumten Machtpositionen haben sich die Vertreter der Massenmedien erobert, die sich gern als vierte Gewalt bezeichnen, die aber in einigen Demokratien und insbesondere in der Bundesrepublik schon längst die erste Gewalt geworden sind.

Welcher bundesdeutsche Politiker würde es heute noch wagen, wie einst Adenauer, seinen Parteifreunden zu sagen: »Wenn die öffentliche Meinung gegen unsere Auffassung ist, dann sorgen Sie dafür, daß sich dies ändert.«

Die Entmachtung der Politiker hat ihre Ursache nicht nur in ihrer fehlerhaften personellen Auswahl, die auf Diplomatie mehr Wert legt als auf Kampfgeist; sie wird auch durch den Mangel an Solidarität gegenüber jenen Politikern verursacht, die ins Kreuzfeuer der Medien geraten.

Durch die Schwäche der Politiker werden auch andere Machtträger, z. B. aus Kirchen und Gewerkschaften immer stärker und nehmen in Angelegenheiten, die allenfalls am Rande zu ihren Aufgaben gehören, auf die politischen Entscheidungen Einfluß. Diesen Kreisen fehlen häufig die für eine sachgerechte Entscheidung erforderlichen Spezialkenntnisse.

Dies gilt z. B. für den Bau von Atomkraftwerken oder für die Frage, ob die ohnehin übervölkerte Bundesrepublik im Namen der Humanität noch mit unzähligen Einwanderern vollgestopft werden soll.

Die Richter der Verwaltungsgerichte schneiden sich ebenfalls ein großes Stück aus dem von den Politikern verschmähten »Macht-Kuchen« und blockieren oft mit unhaltbaren juristischen Spitzfindigkeiten viele im öffentlichen Interesse liegende Großprojekte.

Noch können wir uns dies im Rahmen einer blühenden Wirtschaft alles leisten. Daß aber bei dieser Mentalität unserer Politiker für die Zukunft nicht ausreichend gesorgt wird, bedarf wohl keiner weiteren Ausführungen. Was geschieht, wenn diese Politiker einmal größere Krisen bewältigen müssen? Muß man nicht befürchten, daß die meisten von ihnen ernsten Problemen hilflos gegenüber stünden?

Die Bevölkerung erkennt instinktiv die Schwächen unserer politischen Führung und sehnt sich nach soliden Verhältnissen. Deshalb haben auch Parteien, die Patentrezepte anbieten, immer mehr Zulauf. Dies gilt sogar für jene, die glauben, die Probleme einer explodierenden Menschheit mit vorindustriellen Methoden, mit dem Einsammeln von Altpapier und Glasflaschen und der Anlage von Öko-Gärten lösen zu können. Der Herr erhalte ihnen ihre Einfalt und verschone sie von der Erkenntnis des wahren Ausmaßes der zu erwartenden Probleme und Katastrophen.

Warum ignorieren jedoch die führenden Machthaber dieser Erde die Probleme der Zukunft zugunsten einer kurzsichtigen Tagespolitik oder überlassen sie den Fachleuten? Die letzteren dürfen die Probleme diskutieren und akademisch durchspielen.

Lösungsvorschläge sind erlaubt. Da diese meist sehr viel kosten und größere Opfer voraussetzen, sind sie unpopulär und haben keinerlei Aussicht auf Verwirklichung.

So sieht man zwar die Probleme. Es fehlt aber an der Kraft und dem Willen, das Überlebensnotwendige zu tun oder man hofft, daß alles schon irgendwie gutgehen werde. Man kann diese Mentalität an einem Beispiel illustrieren:

Wenn auf einer einsamen Südsee-Insel ein Luxushotel stünde, dessen Gäste und Personal ständig von Transportschiffen mit allem Lebensnotwendigen versorgt würden, wäre es für einen Warner, der darauf hinweisen würde, daß die Versorgungsschiffe einmal auf Dauer ausbleiben könnten, praktisch unmöglich, die Menschen davon zu überzeugen, daß sie vorsorglich Ackerflächen auf der Insel anlegen sollten, um im Ernstfall nicht zu verhungern.

So wie Inselbewohner auf die Technik und die Macht des Geldes vertrauen, die ihnen den erforderlichen Nachschub sichern, vertrauen wir auf Wissenschaft und Technik und — man sollte es nicht für möglich halten — auch auf unsere Politiker. Auch unsere Medien suggerieren uns den Traum von Sicherheit und dauerhaftem Wohlstand — und wir glauben nur zu gern daran.

Warum sollten wir uns auch mit Zweifeln quälen, fahren wir Europäer doch trotz der vergangenen Katastrophen dieses Jahrhunderts mit »geblähten Segeln« auf einem Luxusschiff ins nächste Jahrhundert.

Wenn wir uns weiterhin diesen optimistischen Selbsttäuschungen hingeben und die Wirklichkeit ignorieren, können wir die erforderlichen Vorbeugemaßnahmen nicht mehr rechtzeitig ergreifen.

Wir verlassen uns jedoch — unseren kollektiven Instinkten folgend — darauf, daß das Notwendige von den Verantwortlichen getan wird.

Haben wir unter diesen Voraussetzungen im 21. Jahrhundert noch Überlebenschancen?

II. Die Menschheit explodiert

Wenn man die Lage der Menschheit insgesamt betrachtet, gewinnt man den Eindruck, daß sie dabei ist, sich in ständig zunehmendem Tempo einem tödlichen Abgrund zu nähern. Ursache ist in erster Linie eine Bevölkerungsexplosion die gewisse Parallelen mit der sprunghaften Vermehrung der Lemminge aufweist. Letztere lösen das Problem, indem sie sich zu Hunderttausenden ins Meer stürzen. Wie aber sollen die Menschen ihr Problem lösen?

Die Lage ist eindeutig, und jeder, der ein durchschnittliches Denkvermögen besitzt, müßte sie erkennen.

Während die Weltbevölkerung zur Zeit der Geburt Christi etwa 300 Millionen betrug, nahm sie bis zum Jahr 1750 auf etwa 800 Millionen zu. Schon 150 Jahre später, also um 1900, hatte sie sich auf 1,6 Milliarden verdoppelt. Für die nächste Verdoppelung benötigten wir bereits weniger als 70 Jahre (1970 wurde die Weltbevölkerung auf 3,6 Milliarden geschätzt). Im Jahr 2000 rechnet man mit 6 Milliarden Menschen − also fast schon wieder mit einer Verdoppelung und dies in nur 30 Jahren.

Die Kurve geht mathematisch betrachtet immer steiler nach oben und ein Ende dieser Entwicklung ist nicht abzusehen.

Auch einfältigste Optimisten müßten aufgrund dieser Zahlen zu der Erkenntnis kommen, daß wir gigantischen Katastrophen entgegengehen. Es geschieht jedoch nichts. Die Natur wird das Problem eines Tages mit ihren Mitteln lösen und diese Mittel sind brutal, inhuman und vor allem tödlich.

Die Menschheit hat sich durch Jahrhunderttausende kaum nennenswert vermehrt. Krankheiten, Hunger und Kriege haben trotz fehlender Geburtenkontrolle dafür gesorgt, daß sich die Weltbevölkerung bis ins 18. Jahrhundert nicht sprunghaft vermehrte. Vor allem stand die Vermehrung im ausgewogenen Verhältnis zur Nahrungsproduktion. Es war in den vergangenen Jahrtausenden aufgrund der hohen Verluste, die die Menschheit vor allem durch Krankheiten und Seuchen erlitt, nötig, alle Möglichkeiten der Vermehrung auszuschöpfen, um in einer feindlichen Umwelt zu überleben. Auf diese ursprünglichen Zustände ist der Sexualtrieb und die Vermehrungsfähigkeit der Menschen ausgerichtet. Die Völker der Entwicklungsländer folgen weiterhin unbeirrt diesen Naturgesetzen.

Es ist eine Tragödie der Menschheit, daß die Humanität, die die hochzivilisierten Völker veranlaßte, diese im Einklang mit der Natur lebenden Völker mit den »Segnungen« der modernen Wissenschaft und insbesondere mit der modernen Medizin zu beglücken, nun dafür sorgt, diese Menschen in den Untergang zu treiben. So zeigt sich wieder einmal, daß der Mensch nicht ungestraft in die Natur und das natürliche Gleichgewicht eingreifen darf. Humanität erweist sich nur zu oft als ein Verstoß gegen die Naturgesetze. Wenn der Mensch schon die Steuerung der Natur in einem wesentlichen Bereich übernimmt, dann muß er sie auch vollständig übernehmen, um eine Katastrophe zu vermeiden. Die Lösung wäre daher eine radikale Geburtenkontrolle. Sie ist zwar auch gegen die Natur gerichtet und bis zu einem gewissen Grad inhuman. Hier geht es jedoch darum, unter zwei Übeln das kleinere zu wählen.

Die Geburtenkontrolle funktioniert derzeit aber nur in den Industrieländern in ausreichendem Maß.

In Deutschland »funktioniert« sie leider viel zu »gut«. Dies liegt nicht, wie manche Politiker – die offenbar nicht wissen, wie wenig der Durchschnittsarbeitnehmer im Vergleich zu ihnen verdient – meinen, am Egoismus der Bürger, sondern an der völlig mangelhaften finanziellen Unterstützung des Staates für die Familie mit Kindern.

Die Versäumnisse, die sich unsere Politiker auf diesem Gebiet zuschulden kommen ließen, sind verantwortungslos und demonstrieren deren unglaubliche Kurzsichtigkeit. Wenn der

Staat als steuerliche Entlastung lediglich ein Kindergeld anbietet, das beim 1. Kind nicht einmal reicht, um damit die erforderlichen Windeln für ein Baby zu kaufen, kann man dies nur als grobe Ungerechtigkeit bezeichnen, die dem durch das Grundgesetz gebotenen Schutz der Familie in keiner Weise gerecht wird.

Unsere Steuerprogression soll die Steuerzahler nach ihrer Leistungsfähigkeit besteuern. Ein Bürger mit höherem Einkommen wird daher mit einer prozentual höheren Steuer belastet als ein Bürger mit niedrigerem Einkommen.

Steuerfreibeträge sollen eine verminderte Belastungsfähigkeit des Steuerzahlers ausgleichen. Auch für die Gegner des Kinderfreibetrages müßte es erkennbar sein, daß von zwei Ehepaaren mit dem gleichen Einkommen das kinderlose mit einem höheren Steuersatz belastbar ist, als das Ehepaar, das noch zusätzlich für Kinder sorgen muß.

Wäre es nicht sinnvoll, das System des Ehegattensplitting zu einem »Familiensplitting« zu erweitern? Dabei müßte man ein Kind nicht einem Erwachsenen gleichsetzen. Es würde schon ausreichen, wenn nach Altersgruppen gestaffelt ein Kind mit einem bestimmten Prozentsatz eines Erwachsenen bei der Steuertabelle berücksichtigt würde. Es ist unverständlich, warum dieses naheliegende Steuersystem in einem Rechts- und Sozialstaat nicht schon längst eingeführt wurde. Die Erklärung liegt möglicherweise darin, daß man hierzulande dazu neigt, Kinder als das »Privatvergnügen« ihrer Eltern zu betrachten. Diese Ansicht, die offenbar zumindest unterschwellig auch bei vielen Politikern vorherrscht, steht nicht nur im Widerspruch zu unserem Grundgesetz, sondern ist auch den betroffenen Kindern gegenüber schlichtweg menschenverachtend. Hier kommt der gleiche Ungeist zum Ausdruck, der sich bei der Einstellung zur Abtreibung zeigt. Daß sich die Abtreibungsbefürworter geistig und moralisch auf der gleichen Ebene bewegen, wie die Befürworter der Euthanasie, werden sie wohl nie begreifen – einfach weil sie es nicht begreifen wollen.

Wenn gewisse Politiker auch nicht die geistigen Ursachen ihrer falschen Steuerpolitik erkennen wollen, sollten sie doch zumindest das Grundgesetz respektieren, das die Familie – auch vor steuerlicher Ausbeutung – schützen will.

Für die sozial Schwächeren müßten im sozialen Wohnungsbau verstärkt kindergerechte Wohnungen geschaffen werden. Derartige Sozialwohnungen dürften aber nur an Familien mit Kindern vergeben werden.

Eine der Ursachen, warum viele Politiker nichts für die Familien mit Kindern tun, dürfte in ihrem mangelnden Einfühlungsvermögen liegen. Sie können sich nicht vorstellen, wie schwer es für eine Durchschnittsarbeitnehmerfamilie ist, mit ihren knappen finanziellen Mitteln auszukommen, wenn sie noch Kinder versorgen muß. Bei dem hohen Einkommen, das führende Politiker beziehen, ist es in der Tat (auch für sogenannte Arbeitnehmervertreter unter ihnen) kaum noch möglich, sich in die Situation des kleinen Mannes hineinzuversetzen. Dieser fällt als Alleinverdiener – wenn seine Frau wegen der Kindererziehung nicht mitarbeiten kann – oft bereits nach dem ersten Kind mit seinem Nettoeinkommen unter die Sozialhilfeschwelle. Dies ist ein unglaublicher Skandal in einem angeblichen Sozialstaat, dessen Verfassung den Schutz der Familie gebietet. Politiker, die daher behaupten, daß die deutschen Familien aus Bequemlichkeit keine Kinder wollen, sollte man daher zur Offenlegung ihres Einkommens auffordern. Dann würde man sehr schnell erkennen, warum sie so argumentieren. Ist es denn ein Wunder, wenn bei dieser Behandlung der Familie durch den Staat die Geburtenrate einen Tiefstand erreicht, der unseren Sozialstaat in Zukunft wegen fehlender Beiträge für die Rentenversicherung aufs Äußerste gefährdet?

Im Gegensatz hierzu vermehrt sich die Bevölkerung in den Entwicklungsländern ohne Rücksicht auf die verfügbaren Lebensgrundlagen. Dabei wäre es ein naheliegendes Gebot der Logik, bei jedem Volk der Erde Geburtenraten anzustreben, die die Bevölkerungszahl etwa auf dem gleichen Stand hält bzw. in übervölkerten Gebieten allmählich absenkt.

Die meisten Entwicklungsländer, in denen die Bevölkerung in einem atemberaubenden Tempo wächst, sind jedoch weit entfernt von dieser lebensnotwendigen Logik. Es fehlt nicht nur der ernsthafte Wille zur Geburtenkontrolle. Sie dürfte auch in der Praxis vielfach nicht durchsetzbar sein. Lediglich China ist es mit einer sehr harten Linie gelungen, der Bevölkerung die notwendige Disziplin aufzuzwingen. Trotzdem wächst auch dort die Einwohnerzahl und hat inzwischen die Milliardengrenze überschritten. Eine zunehmende politische Liberalisierung dürfte diese Zuwachsraten sogar noch erheblich erhöhen.

In Indien wollte die Kongreßpartei das Bevölkerungsproblem mit einer Massensterilisation lösen. Sie mußte dies jedoch bald wieder aufgeben.

Bei uns finden wohlmeinende Experten viele Gründe, warum die Geburtenkontrolle in den Entwicklungsländern nicht klappt. Einer davon sei das mangelhafte Sozialsystem, das viele Kinder erforderlich mache, um die Altersversorgung der Eltern zu sichern. Die meisten Menschen in diesen Ländern werden allerdings nicht so alt, daß sie einer solchen Versorgung bedürfen. Außerdem sorgen Sippen und Dorfgemeinschaften oft für die nötige soziale Absicherung. In vielen Fällen mag die Idee, mit den Kindern zusätzliche Arbeitskräfte zu gewinnen zwar eine gewisse Rolle spielen. Entscheidend dürften jedoch alle diese Überlegungen für die Geburtenrate nicht sein. Diese Menschen folgen vielmehr ihrer Natur und Tradition – und diese sehen eben hohe Kinderzahlen vor. Hier eine Änderung herbeizuführen, dürfte auf nahezu unüberwindliche Schwierigkeiten stoßen.

An dem Problem der Kinderzahlen in den Entwicklungsländern läßt sich im übrigen ein weiteres »Programmierungsproblem« der Menschheit erkennen, das als zentrale Ursache zukünftiger Großkatastrophen anzusehen ist. Das menschliche Denken und Verantwortungsgefühl hat einen sehr beschränkten Horizont, der sich meist nur auf die nähere Umgebung bezieht. Dazu kommt noch ein erheblicher Egoismus. Mit diesen Eigenschaften konnte die Menschheit überleben, solange sie sich mit der Natur in einem ausgewogenen Verhältnis befand.

Heute ist diese geistig-seelische Struktur verhängnisvoll. Jeder denkt: was schadet es, wenn ich zu viele Kinder habe, wenn ich eine Urwaldfläche abholze, wenn ich die Umwelt verschmutze – ein einzelner und seine Taten bedeuten auf dieser großen Erde doch gar nichts. Er unterstellt hierbei offenbar, daß die übrigen Menschen sich verantwortungsbewußt im Sinne des Ganzen verhalten und er deshalb getrost sündigen kann. Oder er erkennt die Sünden der anderen und denkt sich, daß es auf seine Sünden nun auch nicht mehr ankomme. Dazu tritt noch der raubtierhafte Egoismus: wenn ich die Wale nicht jage, tun es andere und streichen den Gewinn ein – ausgerottet werden sie ohnehin.

Wenn man diese Faktoren berücksichtigt, erkennt man, daß die Aussichten von Appellen an die Vernunft nicht allzu groß sind. Mehr Erfolgsaussicht hat allerdings der Druck der Verhältnisse. Nur er zwingt Politiker und Bevölkerung etwas zu unternehmen.

Da aber jede selbstverschuldete Hungerkatastrophe internationale Hilfsmaßnahmen mit sich bringt, an denen sich erfahrungsgemäß eine Fülle von skrupellosen Geschäftemachern noch schamlos bereichern können, haben die Regierungen in den betroffenen Ländern wenig Neigung, ernsthaft etwas gegen die Bevölkerungsexplosion zu tun. Die führenden Machthaber legen außerdem große Teile ihres Vermögens meist im Ausland an, um sich, wenn die Lage in ihrer Heimat einmal kritisch wird, mit ihren Familien – finanziell gut versorgt – absetzen zu können. Das Volk überläßt man dann seinem Schicksal. Idealismus ist ein Fremdwort, das man allenfalls benutzt, um an die Macht zu kommen.

So marschieren die Entwicklungsländer mit zunehmendem Tempo in den Abgrund. Die Prognose, daß ein geretteter Hungertoter von heute zehn Hungertote von morgen zur Folge hat, muß so schreckliche Realität werden.

Theoretisch bestünde noch die Möglichkeit zur Umkehr. Dies würde jedoch voraussetzen, daß die Menschen aufgrund theoretischer Überlegungen zur Vernunft kommen. So etwas geschieht nur in seltenen Einzelfällen. Um die eigenen Fehler im größeren Zusammenhang zu erkennen, bedürfen sie offenbar Katastrophen, die sie unmittelbar betreffen oder sich in ihrer näheren Umgebung abspielen.

Daher wird das aufgrund der menschlichen Natur Unvermeidbare unaufhaltsam seinen Lauf nehmen. Wir können nur hilflos zusehen und müssen um des eigenen Überlebens willen mit aller Kraft versuchen, uns so gut es geht, vor den Auswirkungen dieser Bevölkerungsexplosion in der Dritten Welt zu schützen. Die Devise kann daher nur lauten: radikale Abschirmung Europas und der übrigen Industrieländer vor einer Einwanderung aus diesen Ländern.

III. Bevölkerungsexplosion und Umweltvernichtung – ein Teufelskreis

Man darf sich keiner Illusion über die Dimensionen hingeben, die die Bevölkerungsexplosion inzwischen angenommen hat. Vergleiche mit einem Heuschreckenschwarm, der überall, wo er durchzieht, eine Wüste hinterläßt, sind keineswegs übertrieben. Ein besonders anschauliches Beispiel bietet die Sahel-Zone in Afrika. Die Menschen haben in diesem Gebiet ihre Viehherden in der jüngeren Vergangenheit gewaltig vergrößert. Dabei halfen ihnen die von humanitären Organisationen angelegten Brunnen. Als Folge dieser Entwicklung wurde das ökologische Gleichgewicht des Gebietes zerstört. Was die Tiere nicht auffraßen, trampelten sie nieder.

Die Folge ist bekannt. Aus Weidenflächen wurden Wüstengebiete. Experten erwarten, daß sich die derzeitigen Wüstengebiete verdreifachen. Die ungeheuere Vernichtung von fruchtbarem Acker- und Weideland ist selbstmörderisch und unfaßbar, wenn man bedenkt, wie dringend diese Flächen für die Ernährung einer explodierenden Menschheit benötigt würden. Man darf hier allerdings nicht mit dem Finger auf die Menschen der Entwicklungsländer zeigen und erklären, nur diese besäßen keine Vernunft. Die Menschen der Industrienationen verhalten sich auf anderen Gebieten in gleicher Weise unvernünftig. Man denke hier nur an den Raubbau der mit den modernen Fischfangmethoden in den Weltmeeren betrieben wird und der nachweislich die Erträge immer mehr senkt. Die Grundsätze einer von der Vernunft bestimmten Bewirtschaftung werden von den Menschen offenbar nur eingehalten, wenn jeder eine bestimmte Fläche als sein eigenes Revier zugeteilt erhält, in das kein anderer eindringen darf. Ansonsten gilt der raubtierhafte Grundsatz, was ich mir nicht hole, holen sich andere.

Das Problem der Abholzung und der Brandrodung tropischer

Regenwälder ist ebenfalls bekannt und wird in unseren Medien immer wieder diskutiert. Aus diesen von Fruchtbarkeit strotzenden Wäldern wird aber keineswegs eine ebenso fruchtbare Ackerfläche. Der Boden ist vielmehr spätestens nach einigen Jahren für den Ackerbau nicht mehr geeignet. Die Folge dieser Entwicklung in den Tropen und insbesondere in Brasilien, wo zur Zeit jede Sekunde eine Waldfläche von der Größe eines Fußballfeldes abgeholzt wird, sind völlig unabsehbar. Sie können auch katastrophale Folgen für das Weltklima haben. Wenn solche Wälder ohne Not abgeholzt werden, ist dies nicht mehr das nationale »Privatvergnügen« eines Landes, sondern eine Kriegserklärung an die Menschheit.

Die Folgen könnten mehr Menschen um ihre Existenz bringen, als es alle Kriege bisher vermochten. Hier wäre ein internationales Einschreiten dringend geboten.

Abholzungsaktionen sind jedoch oft auch die Folge einer Bevölkerungsexplosion, die die Menschen nötigt, Rodungen vorzunehmen, um neue Ackerflächen zu gewinnen oder um genügend Brennholz zu erhalten. So werden im Himalaya die Wälder an den Berghängen abgeholzt und der Monsunregen schwemmt die fruchtbare Erde weg. Das früher in den Wäldern gespeicherte Wasser fließt ungehindert ab und verursacht im Flachland verheerende Überschwemmungen, während anschließend in der Trockenzeit das Wasser fehlt.

Diese Beispiele einer immer schneller fortschreitenden Umweltvernichtung ließen sich noch beliebig fortführen. Der Umfang, den sie weltweit angenommem hat, läßt Schlimmstes befürchten. Im Vergleich zu diesen Dimensionen der Zerstörung sind die Umweltschäden, die im europäischen Raum angerichtet werden – so unerfreulich sie auch sein mögen – noch verhältnismäßig harmlos.

Soweit diese Zerstörungen in den Entwicklungsländern aus der unmittelbaren Not entstehen, die die Bevölkerungsexplosion mit sich gebracht hat, sind sie zwar verständlich. Dies ändert jedoch nichts an der Tatsache, daß die Betroffenen damit ihren Untergang nur noch beschleunigen.

Das Verhalten erinnert an einen Bauern, der im Winter vor Hunger sein Saatgetreide aufißt, obwohl er weiß, daß Ersatz nicht zu beschaffen ist und daß damit sein Hungertod spätestens im nächsten Winter unabwendbar wird.

Es ist schrecklich, diese Tragödie mit ansehen zu müssen. Einfältige Humanitätsapostel, die glauben, die explodierende Weltbevölkerung aus ihrem – ökologisch angelegten – Schrebergarten ernähren zu können und das Problem mit Geldspenden und Care-Paketen lösen zu können, übersehen immer wieder die gigantischen Dimensionen, um die es hierbei geht. Gewiß lassen sich mit moderner Technik, künstlicher Düngung usw. die Hungerkatastrophen in manchen Gebieten noch etwas hinausschieben. Es hat sich aber in der Vergangenheit gezeigt, daß in den meisten Fällen die Bevölkerung noch erheblich schneller zunahm als die mit modernen Mitteln gesteigerte Nahrungsproduktion. Außerdem muß man berücksichtigen, daß hierfür Rohstoffe und Energie erforderlich sind und daß beides nicht unerschöpflich zur Verfügung steht.

Es läßt sich nicht mehr übersehen, daß sich die meisten Entwicklungsländer aufgrund ihrer Geburtenraten in einer Sackgasse befinden, aus der ihnen nur eine rigorose Geburtenkontrolle heraushelfen kann. Alle anderen Hilfsmaßnahmen von außen würden die Katastrophe nur hinauszögern aber nicht verhindern.

Andernfalls entsteht eine tödliche Spirale aus explosivem Bevölkerungswachstum und zunehmender Umweltvernichtung. Sie führt zu ständig wachsendem Bedarf an Ackerland, mit der Folge, daß auch der letzte Wald abgeholzt wird und am Ende eine Landschaft zurückbleibt, die nur noch einen Bruchteil der Menschen ernähren kann wie vor dem Raubbau an der Natur.

Immer mehr Menschen, die ernährt werden wollen und immer

weniger Acker- und Weideflächen − dies alles dürfte voraussichtlich vielen hundert Millionen Menschen das Leben kosten.

So bewegen sich viele Völker mit zunehmender Beschleunigung sehenden Auges auf einen Abgrund zu. Optimisten hoffen auf ein Wunder und der einzelne Mensch erwartet − so ist nun einmal die menschliche Natur −, daß zumindest er und seine nächsten Angehörigen irgendwie den künftigen Katastrophen entgehen können. Voraussichtlich bereits in diesem Jahrhundert, spätestens aber im 21. Jahrhundert werden alle erkennen müssen, daß man die einmal losgetretene Lawine nicht mehr aufhalten kann − genausowenig, wie man eine in Jahrtausenden gewachsene Umwelt, wenn sie einmal zerstört ist, wieder aufbauen kann.

Was bleibt den Industrienationen angesichts dieser Lage anderes übrig, als sich für die kommenden Katastrophen zu rüsten und zu versuchen, eine gewisse Unabhängigkeit von den Katastrophenländern zu erhalten und vor allem die Grenze gegen die verhungernden Menschenmassen dieser Länder dicht zu machen.

Auch wenn letzteres brutal und zutiefst inhuman erscheint − nur so können wir vermeiden, selbst in den Untergang hineingezogen zu werden. Der bekannte Verhaltensforscher Prof. Irenäus Eibl-Eibesfeld hat sich in einem Aufsatz zur »humanitären Forderung« nach einer Einwanderung in die Industrieländer unter anderem wie folgt geäußert:

»Eine Menschengruppe kann sich durchaus so verhalten, daß sie ihrer eigenen Verdrängung den Weg bereitet. Wir Europäer laufen gegenwärtig Gefahr, dies zu tun. Wir praktizieren einen einseitigen Altruismus auf Kosten der Chancen unserer Enkel. Solche Übertreibung macht aus einer Tugend eine Untugend. Biologische Normen sind auf ein Optimum konstruiert und sowohl ein Zuviel als auch ein Zuwenig des Guten ist schlecht.«

Der Professor führt dann aus, daß diese Entwicklung historisch als Reaktion auf die Überheblichkeit der Vorväter (gegenüber den nichteuropäischen Völkern) und auf das Dritte Reich verständlich sei. Aber blinder Eifer, und sei er auch noch so gut motiviert, schade nur. Es bleibe unsittlich, auf Kosten der eigenen Enkel, den Altruisten zu spielen und so sein Gewissen zu beruhigen. Prof. Eibl-Eibesfeld fährt fort: »Bereits heute haben Länder wie England und Frankreich Schwierigkeiten mit ihren nichteuropäischen Einwanderern aus den ehemaligen Kolonien, da diese unter anderem durch eine höhere Fortpflanzungsrate als das Wirtsvolk relativ zu diesem zunehmen. Aus der Anthropologie wissen wir, daß solche Prozesse auf die Dauer zur biologischen Verdrängung des Wirtsvolks führen können. Das muß nicht so sein, aber mit der Möglichkeit ist zu rechnen und das sollte uns vor Experimenten dieser Art warnen. Das bedeutet nicht die Ablehnung des humanitären Engagements für andere und Rückfall in einen krassen Gruppenegoismus, erforderlich ist aber ein Suchen nach der vernünftigen Balance, bei der man Selbstschädigungen vermeidet.«

Prof. Eibl-Eibesfelds wissenschaftliche Erkenntnisse bestätigen das, was die Bevölkerung auch instinktiv erfaßt hat, daß nämlich einwandernde Völkerscharen meist den Untergang der ursprünglichen Bewohner verursachen. Dies zeigt sich an unzähligen Beispielen in der Geschichte. Man denke nur an die Indianer Nordamerikas.

Es wäre im Einzelfall auch einer Untersuchung wert, wieweit diejenigen Politiker, Meinungsmacher und Kirchenmänner, die sich besonders lautstark für eine Einwanderung aus der Dritten Welt einsetzen, eigene Kinder haben. Zudem gehören diese Propagandisten nicht selten wohlhabenden Schichten an, die hoffen, sich im Notfall mit ihrem Vermögen und ihren Familien ins Ausland absetzen zu können. Der kleine Mann jedoch muß mit seinen Kindern an Bord bleiben, wenn das Schiff untergeht und sich seiner Freiheit berauben lassen, da erfahrungsgemäß die Einwanderer, wenn sie stark genug sind, um die Macht zu übernehmen, wenig zimperlich mit den Ureinwohnern umspringen. Von Toleranz und Minderheiten- rechten, die die Einwanderer zunächst für sich als selbstver- ständlich fordern, ist dann hinsichtlich der in die Minderheit geratenen Gastvölker keine Rede mehr. Bedarf es noch weite- rer Argumente, um zu demonstrieren, daß eine derartige Einwanderungspolitik für die europäischen Völker selbstmör- derisch wäre und daß die Humanität gegenüber den Einwan- derungswilligen zur brutalen Inhumanität gegenüber den Europäern würde?

IV. Europäischer Wohlstand – wie lange noch?

Es gab in der Geschichte immer wieder Perioden, die einzelne Völker aufgrund ihrer geographischen Lage oder aufgrund ihrer wirtschaftlichen Monopolsituation begünstigt haben. Im Mittelalter kamen zum Beispiel viele arabische Länder wegen der Karawanen der Gewürzhändler, die durch ihr Gebiet zogen, zu erheblichem Wohlstand. Vom gleichen Handel profitierte auch Venedig. Als dann der Seeweg um Afrika herum nach Südostasien entdeckt wurde und die Gewürze mit den Schiffen viel billiger nach Europa transportiert werden konnten, war es mit der Wirtschaftsblüte der bisher begünstigten Länder schlagartig zu Ende.

Man gewinnt heute immer mehr den Eindruck, daß Erfolg, Macht und Wohlstand der Industrieländer ebenfalls relativ schnell zu Ende gehen könnte. Dies gilt zumindest für die europäischen Länder, deren Rohstoffvorkommen nicht im entferntesten ausreichen, um den eigenen Bedarf zu decken, deren Industrieproduktion und Wohlstand daher entscheidend von einer immerwährenden Rohstofflieferung aus Drittländern abhängen.

Es sind aber nicht nur Krisen der Weltwirtschaft, die diesen Zufluß zum Erliegen bringen können. Als Mitte der 70er Jahre die Ölproduktion stark gedrosselt wurde und die Preise sprunghaft nach oben stiegen, erkannte man »plötzlich« das Problem der Abhängigkeit der Industriestaaten von den zu importierenden Rohstoffen. Expertengruppen wie der »Club of Rome« stellten Spekulationen über das alsbaldige Versiegen der Rohstoffvorräte und für die Zeit danach an. Heute scheinen die Horrorgemälde von damals schon wieder weitgehend vergessen. Dies ändert aber nichts an ihrer prinzipiellen Richtigkeit.

Auch wenn man immer wieder neue Rohstoffvorkommen entdeckt und Ersatzstoffe entwickelt, läßt sich ausrechnen, daß bei dem ständig wachsenden Energie- und Rohstoffverbrauch der Weltbevölkerung in absehbarer Zeit diese Quellen weitgehend ausgeplündert sein werden. Spätestens dann − vermutlich aber aufgrund enorm ansteigender Rohstoffpreise bereits früher − wird unsere industrielle Wohlstandsgesellschaft ihr Ende finden.

Eine gewisse Chance mag noch bestehen, wenn wenigstens das Energieproblem durch Kernverschmelzung gelöst werden könnte. Mit dieser unbegrenzt vorhandenen billigen Energiequelle könnte man im Zusammenwirken mit der Technik viele andere Probleme der Menschheit lösen. Ob die Energiegewinnung durch kontrollierte Kernfusion technisch einmal möglich ist, kann heute niemand sicher vorhersagen. Wir können dies nur inständig hoffen. Wenn heute manche Menschen in unbegreiflicher Naivität und Verblendung gegen die Atomforschung zu Felde ziehen, kämpfen sie jedenfalls gegen die letzte realistische Hoffnung, die einer explodierenden Menschheit noch bleibt.

Wir müssen aber auch erkennen, daß es unverantwortlich wäre, die langfristigen Planungen auf diese möglicherweise niemals nutzbare Kernfusion als Energiequelle zu stützen. Dies hieße alles auf eine Karte zu setzen. Mit Spielermentalität lassen sich aber keine Staaten lenken.

So fragwürdig unser modernes Wirtschaftssystem, besonders vom ökologischen Standpunkt aus auch erscheinen mag − wir sind und bleiben in wesentlichen Bereichen auf Gedeih und Verderb darauf angewiesen. Europa ist in Relation zu seiner Bevölkerungsdichte weder reich an Bodenschätzen noch an landwirtschaftlichen Flächen. Es wäre aufgrund seiner Übervölkerung ohne Wissenschaft und Technik eines der Armenhäuser dieser Erde. Die ärmlichen Lebensverhältnisse unserer Vorfahren, bei denen der Hunger breiter Bevölkerungsschichten keine Seltenheit war, zeigen nur zu deutlich, auf welch schwachem Fundament der europäische Riese in Wirklichkeit steht.

Unser Wohlstand steht und fällt mit Wissenschaft, Technik und billigen Rohstofflieferungen.

Wer glaubt, unser Land in einen Agrarstaat oder etwas Ähnliches verwandeln zu können, sollte dann gleich hinzufügen, daß er damit Verarmung und Hunger bei breiten Bevölkerungsschichten in Kauf nimmt.

Man kann einer gewissen Wählerschicht offenbar heute alles verkaufen, besonders wenn man, wie die Grünen, von großen Teilen der Massenmedien massiv unterstützt wird.

Dabei müßte doch jeder halbwegs intelligente Mensch erkennen, daß das Räderwerk einer modernen Industriegesellschaft wie der unseren außerordentlich empfindlich auf alle Eingriffe reagiert.

Wir müssen praktisch so weitermachen wie bisher, wenn wir nicht gefährliche Wirtschaftskrisen mit unabsehbaren Folgen verursachen wollen. Allenfalls könnten wir kleine Kurskorrekturen vornehmen, die allerdings mit äußerster Vorsicht durchgeführt werden müßten.

Solche Korrekturen wären vor allem im Hinblick darauf angebracht, daß wir langfristig mit einer Reduzierung unserer lebensnotwendigen Rohstoffimporte rechnen müssen. Es ist auch keineswegs gesichert, daß wir weiterhin unsere aufgrund hohen Lohnniveaus relativ teueren Industrieprodukte absetzen können. Erhebliche Einbußen durch die Konkurrenz billiger produzierender Länder werden sich auf Dauer kaum vermeiden lassen.

Welche Auswirkungen dies auf unsere Wirtschafts- und Sozialstruktur und politischen Verhältnisse haben wird, kann man kaum abschätzen. Zumindest ist es absolut verantwortungslos und bar jeder Vernunft und Erfahrung, bei langfristigen politischen und sonstigen Entscheidungen davon auszugehen, daß unser Wohlstand »ewig« oder auch nur die nächsten Jahrzehnte andauern wird.

Unsere gesamte Politik scheint darauf ausgerichtet zu sein, daß die Konjunktur immer so weiterläuft wie bisher, obwohl die Erfahrungen unseres Jahrhunderts zur Genüge bewiesen haben, daß die Weltkonjunktur ihren eigenen letztlich unergründlichen Gesetzen folgt und daß nationale Konjunktursteuerungen nur begrenzt möglich sind. Von der sogenannten antizyklischen Fiskalpolitik (der Staat spart mit öffentlichen Investitionen in Zeiten guter Konjunktur, um in schlechten Zeiten mit dem gesparten Geld die Konjunktur anzukurbeln) haben sich die westlichen Industrienationen schon längst verabschiedet. Es ist im Gegenteil üblich, auch in guten Zeiten die staatliche Verschuldung zu erhöhen, um die unersättlichen Ansprüche der verschiedenen Interessensverbände zu befriedigen.

Die Verschuldung der staatlichen Haushalte in der Bundesrepublik liegt bereits bei über 900 Milliarden DM und die Rentenkassen sind leer. Viele Wirtschaftsbetriebe können sich auch bei uns nur mit staatlichen Subventionen über Wasser halten.

Machen sich die Verantwortlichen bei uns und in den anderen Industrieländern, wo die Verhältnisse meist auch nicht viel besser sind, keine Sorgen, daß dieser höchst unsolide »Laden« eines Tages zusammenbrechen könnte?

Die Tatsache, daß es in den vergangenen Jahrzehnten gut ging, berechtigt ebensowenig zu der Hoffnung, daß es so bleibt, wie ein langer Sommer Anlaß zu der Annahme bietet, daß kein Winter mehr kommen würde.

Lediglich große Länder mit guten Rohstoffreserven, wie die USA und die Sowjetunion, die über eine gewisse Autarkie und damit über bessere wirtschaftliche Steuerungsmöglichkeiten verfügen, hätten mehr Grund zum Optimismus.

Die europäischen Länder sind jedoch erzerne Kolosse auf tönernen Füßen.

Diese Problematik gäbe weniger Anlaß zur Sorge, wenn es in Europa bei einem relativ geringen Bevölkerungswachstum bliebe.

Hier fühlen sich jedoch Humanitätsapostel und Leute, die sich wirtschaftliche Profite versprechen, dazu berufen, die bereits übervölkerten europäischen Länder (Deutschland gehört zu den fünf am dichtesten besiedelten Regionen dieser Erde.) zu Einwanderungsländern für die Dritte Welt zu machen. Unabhängig von den sonstigen damit verbundenen Problemen lassen die wirtschaftlichen Grundlagen Europas eine Masseneinwanderung nicht zu.

Auch wenn dies von manchen als antiquiert betrachtet wird, sollten Staaten bzw. Staatengemeinschaften wie die EG darauf bedacht sein, langfristige Strategien zur Zukunftssicherung auf wirtschaftlichem Gebiet zu entwickeln. Eine weitgehende Autarkie, wie sie etwa in den USA und der Sowjetunion möglich wäre, scheitert in Europa am Mangel an Bodenschätzen und an der bereits vorhandenen Übervölkerung. Dazu kommen noch die hohen europäischen Ansprüche an den Lebensstandard.

Die Abhängigkeit Europas von Rohstoffimporten und von den Unwägbarkeiten einer erheblichen Konjunkturschwankungen unterworfenen Weltwirtschaft wird um so größer, je mehr Menschen in unserem Wirtschaftsraum ernährt werden müssen. Die Situation läßt sich gleichnishaft mit einem Rettungsboot auf hoher See darstellen. Solange das Meer ruhig ist, können so viele Menschen in das Boot aufgenommen werden, bis es nur noch wenig über die Wasseroberfläche hinausragt. Sobald aber ein Sturm aufkommt, ist das überladene Rettungsboot verloren, es sei denn, man würde einen Teil der Insassen wieder über Bord werfen. Dies würde jedoch mehr Brutalität und Inhumanität erfordern, als wenn man gleich dafür sorgen würde, daß nur so viele Menschen ins Boot kommen, wie es bei stürmischer See tragen kann.

Der Selbsterhaltungstrieb gebietet uns daher im Rahmen einer wirtschaftlichen Überlebensstrategie, dafür zu sorgen, daß das »Boot Europa« nicht noch mehr überladen wird, als es ohnehin aufgrund unserer eingeschränkten Ressourcen bereits ist.

Es gibt aber auch noch viele andere mindestens ebenso gewichtige Gesichtspunkte, die gegen eine Einwanderung nach Europa sprechen.

V. Einwanderungsland Europa?

Die sinkenden bzw. stagnierenden Geburtenraten in Europa veranlassen selbsternannte Menschheitsbeglücker, für die Aufnahme des Bevölkerungsüberschusses aus der Dritten Welt in Europa zu plädieren.
Europa sei reich genug, um noch unzählige Hungernde und Elende aus den Entwicklungsländern aufzunehmen.
Wie sinnlos eine solche Massenaufnahme wäre, zeigt ein Blick auf den weltweiten Bevölkerungszuwachs, der jährlich bei ca. 80 Millionen liegt. Selbst wenn jede deutsche Familie eine gleichgroße Familie aus der Dritten Welt aufnehmen und ihre Wohnung, ihre Arbeit und ihr Einkommen mit dieser teilen würde, könnten die ca. 60 Millionen Bundesdeutschen mit dieser selbstmörderischen Methode noch nicht einmal den weltweiten Bevölkerungszuwachs eines Jahres abschöpfen. Dies wäre angesichts der 1–2 Milliarden an der Hungerschwelle lebenden Menschen noch nicht einmal der berühmte Tropfen auf dem heißen Stein.
Es wäre moralisch auch nicht gerechtfertigt, sondern pure Heuchelei, wenn wir einige Millionen Menschen aus den Entwicklungsländern aufnehmen und – falls dies wirtschaftlich überhaupt möglich wäre – sie auf das hohe deutsche Sozialniveau heben würden, während man mit den gleichen finanziellen Mitteln in deren Heimatländern mindestens dreißigmal sovielen Menschen wirksam helfen könnte. Außerdem wird von den Humanitätspredigern regelmäßig übersehen, daß sich zur Zeit fast ausschließlich Mitglieder wohlhabenderer Schichten aus den Entwicklungsländern in die Bundesrepublik begeben, da nur sie die relativ hohen Reisekosten (und oft auch die noch erheblich höheren Schlepperkosten) finanzieren können. Diese ohnehin privilegierten Schichten genießen dann deutsche Sozialleistungen, während in ihrer Heimat die Kinder der ärmeren Schichten verhungern.

Ist dies sozial oder human?

Kennen unsere Humanitätsapostel diese Tatsachen nicht oder sind sie skrupellose Heuchler?

Bemerkenswerterweise tönt der Ruf nach Einwanderung am lautesten aus jenen Kreisen, die sich als Arbeitnehmervertreter und Ökologen bezeichnen. Ideologische Verblendung führt sie zu Forderungen, die man im Sinne der sonst von diesen Gruppierungen vertretenen politischen Linie nur als schizophren bezeichnen kann.

Die Umweltschützer müßten doch inzwischen erkannt haben, daß immer mehr Menschen unvermeidbar auch für immer mehr Umweltverschmutzung sorgen.

Wer für ein Leben im Einklang mit der Natur eintritt, sollte wissen, daß jedes Lebewesen einen Lebensraum bestimmter Größe braucht, um angemessen existieren zu können. Die Zivilisation und die Wissenschaft haben es den Menschen zwar ermöglicht, in immer größerer Zahl auf immer engerem Raum zusammenzuleben. Wenn wir jedoch nicht eines Tages das Schicksal von Legehennen in Miniaturkäfigen teilen wollen, dürfen wir diese Entwicklung nicht übertreiben. Nur wenn den Menschen in erreichbarer Umgebung noch ausreichende Naturflächen zur Verfügung stehen, kann man meiner Auffassung nach von einem menschenwürdigen Leben sprechen. Zumindest in Europa ist diese Grenze zum größten Teil erreicht. In den Ballungsgebieten ist sie mit Sicherheit bereits überschritten. Eine Einwanderung weiterer Menschenmassen würde diese Situation noch erheblich verschlechtern. Auch bei größten Bemühungen aller Beteiligten kann ab einer bestimmten Bevölkerungszahl auf begrenztem Raum eine erhebliche Verschmutzung der Umwelt nicht mehr vermieden werden. Sie wird natürlich um so größer, je mehr Menschen in einem Gebiet leben und je höher die Ansprüche der Bevölkerung hinsichtlich des Lebensstandards sind. Unser relativ hoher Lebensstandard gehört aber zur Lebensqualität und wir haben uns sogar inzwischen angewöhnt, ihn unter dem Begriff menschenwürdiges Dasein einzuordnen. Je mehr Menschen aber einwandern und am hohen Lebensstandard teilnehmen, um so größer würde die Umweltverschmutzung und -vergiftung.

Die Sozialisten, die glauben, die Solidarität der Arbeiter auf alle Menschen dieser Erde ausdehnen zu müssen, obwohl Solidarität erfahrungsgemäß selbst in Kleingruppen nur in sehr begrenztem Umfang möglich ist, sollten bedenken, daß wir derzeit das Glück haben, zu den aufgrund von Wissenschaft und Technik privilegierten Menschen zu gehören. Dieses Glück haben uns höchst qualifizierte Wissenschaftler, Ingenieure und Techniker verschafft. Es steht und fällt mit diesen bzw. mit dem entsprechenden Nachwuchs. Man kann es daher als erstes Alarmsignal betrachten, daß trotz bester Berufsaussichten der prozentuale Anteil der Studienanfänger für Ingenieurwissenschaften in der Bundesrepublik immer mehr sinkt. Ist dies nur Folge einer technikfeindlichen grünen Propaganda oder ist es nicht vielmehr so, daß gute technisch-naturwissenschaftliche Begabungen auch in Deutschland nur in sehr begrenztem Umfang vorhanden sind?

Auch von dieser Seite eines mangelnden Nachwuchses könnte uns eines Tages das Ende unseres Wohlstandes drohen. Wenn wir nicht mehr an der Spitze des technischen Fortschritts marschieren, müssen wir uns bald mit einem ähnlichen Lohnniveau begnügen, wie bestimmte asiatische Billiglohnländer.

Es ist eine Binsenweisheit, daß die meisten Vorräte dieser Erde in kürzester Zeit erschöpft wären, wenn alle Menschen soviel Energie und Rohstoffe verbrauchen würden wie die der Industrieländer.

Unser Wohlstand und unsere hohen Arbeitslöhne beruhen zu einem erheblichen Teil darauf, daß viele andere Völker diese moderne Technik nicht besitzen oder beherrschen und wir uns den Löwenanteil der Rohstoffe noch relativ kostengünstig besorgen können. Wollte man also alle Menschen mit unserem Wohlstand »beglücken«, wäre er in kürzester Zeit zu Ende.

Diese Feststellung mag für Sozialisten unsolidarisch und für Humanitätsapostel egoistisch klingen.

Man müßte hierbei allerdings erst einmal die Frage stellen, wem es helfen würde, wenn die »reicheren Länder« ihren gesamten Wohlstand mit den ärmeren Ländern dieser Erde brüderlich teilen würden und aufgrund des enormen Bedarfes alle Rohstoffreserven innerhalb kürzester Zeit weitgehend ausbeuten würden.

Am Ende hätte niemand etwas von dieser Politik.

Außerdem stünde eine derartige Politik im Gegensatz zur menschlichen Natur, zu der auch ein gesunder Egoismus gehört.

Wenn Politiker und andere Interessensvertreter diesen Egoismus leugnen, ist dies nichts weiter als übelste Heuchelei.

Der Egoismus beherrscht doch unübersehbar alle unsere gesellschaftlich relevanten Gruppen. Die Kapitalanleger und Arbeitgeber wollen möglichst hohe Gewinne machen und die Gewerkschaften in Form von Löhnen bei kürzester Arbeitszeit einen möglichst hohen Anteil von diesem Gewinn für ihre Leute herausholen. Hierbei denkt keiner an die Dritte Welt, die unsere mit hohen Lohnkosten belasteten Produkte kaufen muß, während ein Arbeiter dort oft schon glücklich ist, wenn er im Monat 100,– DM verdient. Die Sozialisten mögen uns daher mit ihrer scheinheilig propagierten »Internationalen Solidarität« verschonen.

Sie wissen doch selbst genau, daß wir das hohe Lohnniveau in den Industrieländern letztlich nur dadurch halten können, daß bei uns die sehr teuren, technisch hochwertigen Güter gefertigt werden, während Länder mit sehr niedrigen Arbeitslöhnen uns die billigen Massenprodukte für den täglichen Bedarf liefern. Von dem Lohngefälle zwischen »reichen« Industrieländern und armen Entwicklungsländern profitieren in erster

Linie Unternehmer und Gewerkschaften und die von letzteren vertretenen Arbeitnehmer in den Industrieländern.

Es bedarf wohl keiner weiteren Ausführungen, daß der so erreichte Vorteil für unsere Arbeitnehmer in dem Maße schwindet, in dem Einwanderer aus den armen Entwicklungsländern bei uns aufgenommen werden.

Wenn diese Einwanderer ihre Arbeitskraft zu Niedrigstlöhnen anbieten — wie wollen die Gewerkschaften dann unsere hohen Tariflöhne halten?

Ist es daher nicht schizophren, daß die »Sozialisten« bei uns mit ihrem Plädoyer für eine Einwanderung aus den Entwicklungsländern zumindest jenen Arbeitgebern in die Hände arbeiten, die daran interessiert sind, mit einem Überangebot an Arbeitskräften das Lohnniveau zu drücken? Dieser Gesichtspunkt dürfte auch das absurde Bündnis der Liberalen mit den Sozialisten in der Einwanderungsfrage erklären. Die Liberalen wollen offenbar mit ihrer Politik gewissen kurzsichtigen Arbeitgebern, die die verheerenden Folgen dieser Masseneinwanderung nicht erkennen, behilflich sein. Wie können die Liberalen nur so einfältig sein, daß sie angesichts der Bevölkerungsexplosion in den Entwicklungsländern glauben, ein Einwanderungsrecht jedes Menschen dieser Erde in jedes beliebige Land sei als liberales Ideal erstrebenswert?

Eine weltweite Nivellierung des Lebensstandards auf niedrigstem Niveau wäre die unvermeidbare Folge. Ein wichtiger Teil unserer Bürgerfreiheiten ginge verloren, wenn durch die Masseneinwanderung der Wohlstand unserer Bevölkerung soweit sinkt, daß große Bevölkerungsschichten verarmen oder wenn unser Land dadurch zum Hungerland würde.

Liberale müßten wissen, daß Armut immer auch zu einem Verlust an persönlicher Freiheit führt. Außerdem müßten sie aus der geschichtlichen Erfahrung gelernt haben, daß schrankenlose Freiheit zum schlimmsten Feind der Freiheit der Bürger werden kann. Wer unsere politische Freiheit erhalten will und aus historischer Erfahrung weiß, wie störanfällig die demokratische Staatsform ist, sollte auch nicht das Risiko einer Destabilisierung unserer Republik durch Masseneinwanderung eingehen.

Zu den besonders engagierten Verfechtern einer Masseneinwanderung aus der Dritten Welt gehören auch manche Kirchenvertreter. Welche Einwanderungszahlen diesen Kreisen vorschweben, läßt sich aus einer Predigt des Augsburger Bischofs Stimpfle von Anfang 1989 entnehmen. Dieser sprach von einer auf die EG zukommenden Völkerwanderung, »wie sie die Welt noch nicht erlebt hat«. Er rechnet in den nächsten 20−30 Jahren mit 120 Millionen Arabern, Afrikanern und Asiaten, die in den Wirtschafts- und Kulturraum der Europäischen Gemeinschaft einzugliedern seien. Schon heute bewege sich eine »Woge von verzweifelten Arbeitssuchenden« aus der Dritten Welt auf die wohlhabenden Länder zu.

Der Einwanderungsdruck dürfte tatsächlich noch viel stärker werden − und es wäre verhängnisvoll, wenn wir diesem Druck aus falsch verstandener Humanität nachgeben und die Schleusen für diese Masseneinwanderung öffnen würden.

Sicher ist es auch eine elementare Aufgabe der Kirche, für die Humanität einzutreten. Wenn diese Humanität jedoch zum Selbstmord führt, dürfte sie wohl unzumutbar werden. Vor allem wäre sie höchst inhuman gegenüber den betroffenen Europäern, die man in Not und Chaos stürzen würde.

Werden unsere Politiker und Kirchenmänner denn nie erkennen, daß in dieser Welt keine paradiesischen Zustände hergestellt werden können, da die Struktur der Natur und der Menschen dafür leider nicht geschaffen ist? Die Natur bietet uns täglich das Schauspiel eines Kampfes ums Überleben bei allen Lebewesen. Eine Religion die dieses Naturgesetz verleugnet, verleugnet auch die von Gott so gewollte Schöpfung. Die Natur ist immer in Bewegung und zugleich bemüht, immer wieder ein Gleichgewicht des Lebens herzustellen. Wer glaubt, gewaltsam in dieses Gleichgewicht eingreifen zu können, provoziert damit die Gegenkräfte der Natur und erreicht oft genau das Gegenteil des Erstrebten. Bereits eingangs habe ich dies am Beispiel der durch die »humanitäre Wohltat« moderner Medizin verursachten Bevölkerungsexplosion in der Dritten Welt demonstriert, die sich in der Folgezeit als mörderisch bzw. selbstmörderisch für die vermeintlich Beglückten herausstellen wird. Die Worte, die Goethe dem Mephisto in den Mund legt: »Ich bin die Macht, die stets das Böse will und doch das Gute schafft«, kann man auch genauso gut in umgekehrter Weise einem »Humanisten« in den Mund legen: »Ich bin die Macht, die stets das Gute will und doch das Böse schafft.« Die schlimmsten Verbrechen dieses Jahrhunderts wurden von Ideologen begangen, die sich von Idealismus leiten ließen und glaubten, für ihre Anhänger das Paradies auf Erden schaffen zu können. Aus dem verheißenen Paradies wurde dann oft nur die Hölle für unzählige Menschen. Wann werden unsere Idealisten und Menschenfreunde endlich erkennen, daß sich die Natur vom Menschen nicht in die Knie zwingen läßt und daß diese Erde ein »irdisches Jammertal« ist und bleiben wird, was der Mensch auch immer unternimmt. Daher wird jede Religion, die ihren Anhängern Enttäuschungen ersparen will, erklären müssen: »Unser Reich ist nicht von dieser Welt.« Sie wird den Menschen auf die Transzendenz verweisen und ihm so den Trost vermitteln, den er in diesem irdischen Jammertal dringend benötigt. Die Kirchen werden auch in Zeiten des Wohlstandes, Überflusses und der von der Werbung angeheizten Genußsucht immer wieder die Frage stellen müssen, ob es Aufgabe des göttlichen Schöpfers ist, für ein möglichst umfassendes Wohlergehen seiner Geschöpfe zu sorgen oder ob es nicht vielmehr Aufgabe der Geschöpfe ist, für ihren Schöpfer und nach den von ihm geschaffenen Naturgesetzen – die auch den Kampf ums Überleben vorsehen – zu leben.

Daß die vorstehenden religiös-philosophischen Gesichtspunkte zutreffend sind, zeigt sich an der Einwanderungsproblematik besonders deutlich, wo die Humanität gegenüber den Einwanderern zwangsläufig zur Inhumanität gegenüber den bereits im Lande Lebenden führt. Dies gilt zumindest für übervölkerte Gebiete, wie Europa mit begrenzten landwirtschaftlichen Flächen und Bodenschätzen. Kann es ein Christ verantworten, mit einer Masseneinwanderung von Armutsflüchtlingen aus der Dritten Welt die Europäer zu Armut und zum Untergang zu verurteilen? Kann er es insbesondere verantworten, die europäischen Arbeitnehmer, die in erster Linie die Leidtragenden einer solchen Politik wären, gegen ihren Willen um die Früchte ihrer Arbeit und ihrer Mühe um menschenwürdige Lebensverhältnisse zu bringen? Haben denn die Europäer kein Recht auf einen naturgegebenen Egoismus, der dem Selbsterhaltungstrieb entspringt und als natürliches Menschenrecht anzusehen ist?

Wenn der Augsburger Bischof glaubt, 120 Millionen Menschen aus der Dritten Welt in Europa aufnehmen zu können, muß er davon ausgehen, daß wegen der begrenzten Aufnahmebereitschaft unserer EG-Partner mindestens die Hälfte, also etwa 60 Millionen, nach Deutschland strömen würden. Dies hätte zur Folge, daß zumindest rechnerisch jede deutsche Familie eine gleichgroße Ausländerfamilie in ihre Wohnung aufnehmen und ihre Arbeit bzw. ihr Einkommen mit dieser teilen müßte.

Wer hier einwendet, die Einwanderer könnten in die Produktion integriert werden und dann das Ihre zum Wohlstand beitragen, dem muß man die naheliegende Frage stellen, warum er nicht die Arbeitsplätze vor Ort, also in den Heimatländern der Einwanderer, schafft. Wenn diese Einwanderer unseren modernen technischen Arbeitsprozessen leistungsmäßig gewachsen wären, wäre die Produktionsverlagerung in diese Länder doch das naheliegendste und zudem wegen des erheblich niedrigeren Lohnniveaus auch das ertragreichste Geschäft, das sich ein Unternehmer nur wünschen könnte. Die Praxis hat bisher gezeigt, daß bei der Produktionsverlagerung in diese Länder meist unüberwindliche Schwierigkeiten, die vor allem in der Qualität der vorhandenen Arbeitskräfte liegen, auftreten. Werden die gleichen Arbeitskräfte durch Einwanderung nach Europa plötzlich zu ausreichend qualifizierten Industriearbeitern?

Soweit man jedoch mit einer solchen Einwanderungspolitik die relativ wenigen qualifizierten Industriearbeiter aus den Entwicklungsländern abziehen würde, wäre dies der schlimmste Kolonialismus und der größte Schaden, den man diesen Ländern zufügen könnte, da diese Länder dringend auf solche Fachkräfte angewiesen sind.

Das Gerede, daß man unsere sinkenden Geburtenzahlen beliebig durch »Arbeitskräfteimporte« aus der Dritten Welt ausgleichen könnte, wird damit in seiner ganzen Verlogenheit erkennbar.

Im übrigen sind auch unsere gut bezahlten Arbeitsplätze nicht beliebig vermehrbar, wie die bereits seit vielen Jahren andauernde hohe Arbeitslosigkeit von ca. 15–20 Millionen in der Europäischen Gemeinschaft beweist.

Sollen wir den ohnehin meist überschätzten europäischen Wohlstand mit den Einwanderern teilen und ihn durch Armut und Hunger ersetzen?

Wie wollen Politiker, Gewerkschafter, Kirchenmänner und sonstige selbsternannte Humanitätsapostel der Bevölkerung dieses selbstmörderische Opfer aufzwingen?

VI. Siegt Mohamed auch in Europa?

Die Vorstellung, daß das christliche Abendland innerhalb relativ kurzer Zeit im 21. Jahrhundert islamisch werden könnte, dürfte von unseren Kirchenmännern als absurd zurückgewiesen werden. Dennoch ist sie keineswegs unrealistisch, wenn die Masseneinwanderung islamischer Gläubiger nach Europa in der bisherigen Weise weitergeht. Aus den ehemaligen englischen und französischen Kolonien strömten Millionen Moslems nach dem Zweiten Weltkrieg nach Europa. Nordafrikaner kamen vor allem nach Frankreich und Pakistaner nach England. Nach Deutschland wanderten türkische Moslems als Gastarbeiter. Diese Einwanderer stellen praktisch den »Brückenkopf« für eine weitere unbegrenzte Einwanderung ihrer Glaubensbrüder aus ihren unter enormem Geburtenüberschuß leidenden Heimatländern dar.

Die Gefahr, die vom zunehmend militanter auftretenden Islam der christlich-abendländischen Kultur und den europäischen Christen droht, scheint von jenen naiven Kirchenmännern, die sich bei allen möglichen und unmöglichen Gelegenheiten für eine Einwanderung aus den Entwicklungsländern stark machen, weitgehend ignoriert zu werden.

Glauben sie etwa allen Ernstes, diese Einwanderer zum Christentum bekehren zu können? Viel wahrscheinlicher ist es, daß sich die Christen zum Islam bekehren lassen! In Afrika, wo zunehmend die einst von europäischen Missionaren zum Christentum bekehrten schwarzen Afrikaner zum Islam übertreten, wird uns heute bereits vorgeführt, wie die Entwicklung verlaufen könnte.

Die Moslems sind weitaus stärker mit ihrem Glauben verbunden als die aufgeklärten Europäer. Nachdem sich auch viele christliche Theologen von den transzendenten Inhalten der Religion immer mehr abwenden und das Wesen des Christentums nur noch in einer Mischung aus Humanität und Sozialismus sehen, laufen ihnen die Gläubigen zunehmend davon. In Großstädten, wie z. B. in Frankfurt, werden bereits Kirchen überflüssig, die zu profanen Zwecken verkauft oder verpachtet werden. In den Niederlanden wurden Kirchen an Moslems verkauft, die sie in Moscheen umwandeln. In Deutschland, wo immer mehr Moscheen benötigt werden, böte sich diese Lösung ebenfalls an.

Als im Jahre 1453 Konstantinopel von den Türken erobert wurde und die Hagia Sophia als Symbol für den Untergang des oströmischen Christentums in eine Moschee umgewandelt wurde, stöhnte das europäische Christentum unter dieser Schmach.

Wenn in Europa innerhalb der nächsten Jahrzehnte immer mehr ehrwürdige christliche Kirchen ein ähnliches Schicksal erleiden, wird sich kaum jemand daran stören. Unsere Kirchenmänner werden wohl erst erwachen, wenn der Islam Staatsreligion geworden ist.

Aufgrund unseres durch eine ungerechte und unsoziale Familienpolitik verursachten Geburtenrückgangs nimmt die deutsche Bevölkerung immer mehr ab. So wird für die Bundesrepublik bis zum Jahre 2035 eine Schrumpfung der Bevölkerung auf nahezu die Hälfte (von ca. 60 auf 35 Millionen) vorhergesagt.

Wenn man die islamische Türkei als Vollmitglied in die Europäische Gemeinschaft aufnehmen würde, was die volle Freizügigkeit der Türken zur Folge hätte, müßte mit einer stetigen Einwanderung aus diesem Gebiet nach Deutschland und Westeuropa gerechnet werden. In der Türkei beträgt der derzeitige gesetzliche Mindestlohn 120,– DM. Da man in Deutschland zumindest das 10 bis 20fache verdienen kann, würden unzählige Türken versuchen, bei uns einzuwandern. Dies gilt um so mehr, als in Deutschland bereits eine sehr starke »türkische Kolonie« vorhanden ist, deren Mitglieder den Neuankömmlingen mit Rat und Tat helfen können.

Schätzungen gehen derzeit von mindestens 10 Millionen einwanderungswilligen Türken aus. Dazu kommt noch ein jährliches Bevölkerungswachstum in der Türkei von über einer Million im Jahr. Dieses Wachstum würde für einen ständigen Einwanderungsfluß nach Deutschland sorgen. Wenn man noch die hohe Geburtenzahl bei den türkischen Gastarbeitern in Deutschland berücksichtigt (in vielen Schulklassen der Grund- und Hauptschulen deutscher Großstädte sind bereits die Türken in der Mehrheit), wäre eine türkisch-moslemische Bevölkerungsmehrheit in Deutschland innerhalb der nächsten fünfzig Jahre durchaus möglich. Diese würde auch den jüngeren Teil der Gesamtbevölkerung stellen. Wenn dann noch radikale Mullahs die Führung übernehmen, kann man sich leicht ausrechnen, welche Art von »Koexistenz« der christlichen Minderheit drohen könnte. Die Zeit, in der im Kölner Dom das Kreuz durch den Halbmond ersetzt wird, dürfte jedenfalls bei Fortsetzung unserer bisherigen Politik nicht mehr in unerreichbarer Ferne liegen.

Auch die Türken sind realistisch genug, um die einmalige Chance zu erkennen, die ihnen die Weltgeschichte hier bietet. Warum sollten sie bei diesen Expansionsmöglichkeiten ihre Geburtenzahlen begrenzen?

Sie könnten das christliche Abendland beerben!

Was Ende des 17. Jahrhunderts vor Wien an Prinz Eugen scheiterte, nämlich die Eroberung des christlichen Abendlandes durch die Türkei, könnte den Nachkommen der türkischen Eroberer bald wie eine reife Frucht in den Schoß fallen. Es hilft auch nichts, über den als mittelalterlich und barbarisch betrachteten Islam die Nase zu rümpfen, wie dies manche Intellektuelle tun. In der Weltgeschichte zählt allein das Ergebnis. Wenn die islamische Religion hohe Geburtenquoten ihrer Gläubigen begünstigt und wenn die Christen ihre Kinder bereits im Mutterleib umbringen, werden diese Völker mit mathematischer Sicherheit die Christen alsbald zahlenmäßig weit übertreffen.

Der Islam erweist sich damit als die vitalere Religion und hat, wenn die Entwicklung so weitergeht, nach historischen Erfahrungen gute Aussichten, das Christentum aus Europa zu verdrängen.

Es ist hierbei auch kein Trost, daß auf die Sowjetunion ähnliche Probleme zukommen. Die islamischen Bewohner des sowjetischen Vielvölkerstaates erleben eine Bevölkerungsexplosion, während die christlichen (bzw. vor der kommunistischen Revolution christlichen) Völker der Sowjetunion aufgrund fortschreitender Industrialisierung ähnliche Nachwuchssorgen haben wie einige europäische Länder. Wenn auch noch die Bevölkerungsexplosion der südlich an die Sowjetunion angrenzenden islamischen Länder einen zunehmenden Einwanderungsdruck erzeugt, könnten auch die Russen in absehbarer Zeit erhebliche Schwierigkeiten mit dem Islam bekommen. Fanatische Mullahs werden immer zur Stelle sein, wenn sie »gebraucht« werden. Hier wird deutlich, daß unsere heutigen Probleme mit dem Ost-West-Konflikt in Zukunft durch weltweite Völkerwanderungsprobleme ersetzt werden.

Es wäre daher im Sinne der Vernunft an der Zeit, daß die derzeitigen Großmächte die Gefahren, die durch die Bevölkerungsexplosion in den Entwicklungsländern unvermeidbar auch auf sie zukommen werden, zur Kenntnis nehmen und gemeinsam Gegenstrategien entwickeln.

Besonders die großräumigen und an Bodenschätzen reichen Staaten, wie die USA, Kanada, Australien und die UdSSR würden sich wegen ihrer relativ geringen Bevölkerungsdichte sehr gut für eine Masseneinwanderung eignen. Dieses Problem dürfte daher im 21. Jahrhundert nicht nur für Europa, sondern auch für diese Länder ein Überlebensproblem werden.

VII. Die multikulturelle Gesellschaft als Problemlösung?

Der lebensnotwendige Egoismus

Die Ideen von One-World, brüderlichem Sozialismus und von der multikulturellen Gesellschaft entstammen einer ideologischen Betrachtungsweise, die die menschliche Natur völlig ignoriert.

So hat es selbst der Kommunismus in siebzig Jahren mit all seiner Propaganda und seinem skrupellosen Einsatz von Gewalt nicht geschafft, die verschiedenen in der Sowjetunion lebenden Völker unter ideologischen und nationalen Gesichtspunkten zu vereinen. Sobald der Druck der Machthaber auf die Völker nachläßt, erwachen separatistische Ideen und alte Feindschaften der Volksgruppen.

Der brüderliche Sozialist, der alle anderen Menschen dieser Welt willkommen heißt, um alles, was er besitzt, mit diesen zu teilen, ist eine absurde Wahnvorstellung, die den tief in der menschlichen Natur verankerten Egoismus mißachtet.

Der Egoismus von einzelnen und von Gruppen war in der Menschheitsgeschichte überlebensnotwendig. Wenn eine Gruppe Weide- und Jagdgründe besaß, die gerade ausreichten, um zu überleben, vertrieb sie andere Stämme, die in ihr Revier eindringen wollten oder sie wurde selbst von den Eindringlingen vertrieben und vernichtet. Wenn ein bestimmtes Gebiet nur Überlebensmöglichkeiten für eine begrenzte Zahl von Menschen bietet, muß seinen Bewohnern jeder fremde Eindringling als Lebensbedrohung erscheinen. Nur wer diese durch und durch logischen Naturgesetze beachtete, konnte in den vergangenen Jahrtausenden überleben.

Nicht nur der Gruppenegoismus, sondern auch der individuelle Egoismus sind zum Überleben notwendig. Wenn eine

Hungersnot ausbricht, kümmern sich die meisten Menschen zunächst darum, für sich und ihre nächsten Familienangehörigen genügend Nahrungsmittel zu besorgen. Dies diente in der Vergangenheit auch der »natürlichen Auslese«, da nur die am besten an ihre Umwelt Angepaßten und die Stärksten die zum Überleben notwendigen Nahrungsvorräte anhäufen konnten. Selbstverständlich kann jede natürliche Anlage der Menschen und jeder Trieb auch übersteigert und dadurch lebens- und überlebensfeindlich für die Gemeinschaft werden.

Es gibt daher ständig Konflikte zwischen Einzelinteressen und Gruppeninteressen. Egoismus und Gruppeninstinkt müssen immer wieder in ein ausgeglichenes Verhältnis gebracht werden. Hierzu dienen Sitte und Moral, die sich mit fortschreitender kultureller Entwicklung in Gesetzen niederschlagen. Den Religionen kam in der Vergangenheit die ehrenvolle Aufgabe zu, in diesem Konflikt vor allem zugunsten der Gemeinschaft Gebote aufzustellen. Dies war im Zuge der Entwicklung größerer Einheiten und der Staatenbildung auch unerläßlich. Jeder Staat und jede Kultur brauchen zum Überleben auch Idealismus und Opferbereitschaft ihrer Mitglieder. Hier wird vom Menschen also die Unterdrückung seines Egoismus zugunsten der Gemeinschaft gefordert. Dies kann im Kriegsfall bis zur Forderung nach dem Opfer des eigenen Lebens gehen. Daß der Mensch zu diesen Opfern von seiner natürlichen Programmierung her geeignet ist, hat sich in der Geschichte an einer unendlichen Zahl von Beispielen erwiesen. Diese Opferbereitschaft wird auch in allen Völkern der Erde verehrt. Auch die Weltreligionen predigen diese Opferbereitschaft als hohe Tugend.

Aus der Tatsache dieser Verehrung des Heroismus für die Gemeinschaft und seiner ständigen Propagierung muß man aber auch den Schluß ziehen, daß diese menschliche Anlage offenbar häufig erst durch moralische Appelle gefördert werden muß. Wenn die Appelle nachlassen und die Opferbereitschaft für die Gemeinschaft sogar noch Anlaß zu Spott gibt (oder als Dummheit betrachtet wird, wie dies in der Bundesrepublik oft geschieht) braucht man sich nicht zu wundern, wenn zunehmend ein rücksichtsloser Egoismus um sich greift. Wer ist denn bei uns noch bereit, für die Allgemeinheit größere Opfer zu bringen oder wer wäre etwa bereit, für den Erhalt unserer Demokratie längere Zeit zu hungern? Bei uns wird dagegen ein ständig wachsender Egoismus des einzelnen oder seiner Interessensgruppe gepflegt. Warum werden aber die gleichen Leute plötzlich zu wahren Heiligen, wenn es um die Frage einer Masseneinwanderung aus Hunger- und Katastrophenländern in die Bundesrepublik geht?

Liegt es daran, daß sie unbewußt merken, daß sie die altruistische Seite ihrer Natur unterdrücken und daher ein schlechtes Gewissen haben? Kommt es deshalb zu den seltsamen Verhaltensweisen von »Ausländerfreunden«, die ich bereits beschrieben habe? Sie spielen offenbar sich selbst und ihrer Umgebung einen Idealismus vor, der sich jedoch bei genauer Analyse doch wieder nur als Egoismus oder Heuchelei entpuppt.

Die meisten Humanitätsapostel bringen nämlich in Wirklichkeit kein persönliches Opfer, sondern fordern die Opfer immer nur vom Staat und der Allgemeinheit. Sie werden zwar einwenden, daß sie im Rahmen der Belastung der Allgemeinheit auch anteilig mit Opfern belastet würden. Genau dies ist aber meist nur die halbe Wahrheit. Diejenigen, die Opferappelle an die Bevölkerung richten, gehören nämlich fast immer den gehobenen und finanziell überdurchschnittlich verdienenden Bevölkerungsschichten an. Wenn sie die Aufnahme von noch mehr Ausländern und Asylanten fordern, wissen sie genau, daß ihnen höhere Steuern im Verhältnis zur Gesamthöhe ihres Einkommens nur ein relativ geringes Opfer abverlangen. Der kleine Mann jedoch, der mit jeder Mark rechnen muß, wird durch die Erhöhung der Steuern und Sozialabgaben viel massiver getroffen.

Der besser verdienende »Ausländerfreund« wohnt auch nicht in den Vierteln, in denen Asylanten und Gastarbeiter wohnen. Seine Kinder gehen in der Regel auch nicht in Kindergärten oder in Schulen, wo die Ausländer bereits in der Mehrheit sind. Die Ausländer sind zudem auch keine Konkurrenten um seinen Arbeitsplatz.

Welche Anmaßung ist es daher, wenn solche Leute für eine Masseneinwanderung eintreten, die doch zunächst fast ausschließlich dem kleinen Mann unzumutbare Opfer abverlangt! Man frage doch einmal die für eine Masseneinwanderung eintretenden Pastoren, wie viele von ihnen in ihren Pfarrhäusern Asylantenfamilien aufgenommen haben!

Die einfachen Leute spüren diese Scheinheiligkeit und versuchen ihre Lebensinteressen zu verteidigen. Dafür werden sie dann von den Humanitätsaposteln als böse Ausländerfeinde verleumdet.

Die Ausländerfreunde werden einwenden, daß ich vorstehend die Opferbereitschaft als eine der höchsten menschlichen Tugenden gepriesen habe, sie jedoch bezüglich der Masseneinwanderung für verfehlt halte. Sie übersehen dabei, daß ich auch den Egoismus als lebensnotwendig beschrieben habe.

Die gesamte Menschheitsentwicklung lief darauf hinaus, der eigenen Familie und Gruppe bzw. dem eigenen Volk das Überleben zu ermöglichen. Heute kann man aufgrund der politischen und wirtschaftlichen Verhältnisse diese Forderung nach Opferbereitschaft für die Gruppe auch auf Völkergemeinschaften (wie z. B. die EG) ausdehnen, wenn diese echte Schicksalsgemeinschaften sind. Solche Opferbereitschaft wird im Krieg auch zugunsten der Verbündeten verlangt und kann daher auch für wirtschaftliche und sonstige Interessensgemeinschaften gefordert werden.

Die Opferbereitschaft für die Allgemeinheit sollte sich im wesentlichen auf Gemeinschaften beziehen, die zumindest in bestimmten Bereichen einen Anlaß haben, sich zur besseren Verteidigung ihrer Lebensinteressen zusammenzuschließen. Hier ist die Opferbereitschaft sinnvoll und logisch zu begründen. Dies schließt selbstverständlich auch Opfer bzw. Spenden für andere Gruppen, mit denen keine gemeinsame Interessenslage besteht, nicht aus. Dieses müssen jedoch zeitlich und im Umfang begrenzbar bleiben und dürfen die eigene Gruppe nicht gefährden. Wenn die Opferbereitschaft aber zur Bedrohung der eigenen Gruppe führt, ist sie gesellschaftsfeindlich. Hier gebietet die Logik, dem natürlichen Egoismus sein im wahrsten Sinne des Wortes »lebensnotwendiges« Existenzrecht einzuräumen.

Welche geistige Verwirrung in dieser Frage bei vielen unserer Menschenfreunde herrscht, wird an einem Beispiel erkennber. Einer »Ausländerfreundin«, die mit dem Inhalt eines meiner Presseartikel nicht einverstanden war, in dem ich erklärt habe, daß die Humanität ihre Grenzen haben müsse, stellte ich folgende »Gretchenfrage«: »Würden Sie, wenn Sie vor die Wahl gestellt wären, Ihr eigenes Kind oder das in der Nachbarschaft wohnende Ausländerkind vor dem Hungertod zu retten, etwa Ihr eigenes Kind verhungern lassen?« Sie antwortete daraufhin, es wäre christlich, in diesem Fall das eigene Kind verhungern zu lassen! Hierzu erübrigen sich wohl weitere Ausführungen.

Man muß hierbei allerdings einschränkend hinzufügen, daß diese geistige Perversion meist auf das Denken und Reden gewisser Intellektueller beschränkt bleibt. In der Praxis siegt am Ende fast immer die egoistische menschliche Natur. So auch im besagten Fall, als dieselbe Frau kurze Zeit nach ihrer »aufopferungsvollen« Erklärung mit ihrer Familie eine sehr teuere Urlaubsreise in den Mittelmeerraum antrat. Selbst das Opfer einer bescheideneren und billigeren Urlaubsreise und einer Überweisung des ersparten Geldes für eine Hunger-Hilfsorganisation war dieser »aufopferungsvollen Ausländerfreundin« offenbar schon zuviel.

Ähnlich dürfte es auch um den Idealismus und die Opferbereitschaft der meisten anderen »Ausländerfreunde« stehen. Trotzdem üben diese Kreise einen ungeheuren Druck auf die Regierung und auf die Parteien aus.

Die Politiker sollten zumindest erkennen, daß diese Asyllobby nicht aus edlen humanitären Motiven handelt, da
nahezu alle ihre Mitglieder nicht bereit sind, größere persönliche Opfer für die Ausländer zu bringen.

Unsere Politiker sollten ihnen auch immer wieder entgegen-
halten, daß Humanität gegenüber den Einwanderern durch
Öffnen der Grenzen zur Inhumanität gegenüber den Europäern würde. Die Völkerwanderung, die das römische Weltreich
und damit einen kulturellen Entwicklungsstand zerstörte der
erst rund tausend Jahre später wieder erreicht werden konnte,
sollte für alle ein abschreckendes Beispiel sein.

Die Realität ist grausam. Weder ein brüderlicher Sozialismus
noch die One-World-Ideale können die Probleme einer explodierenden Menschheit lösen. Sie sorgen im Gegenteil dafür,
daß auch Völker mit Überlebensaussichten in den Strudel des
Untergangs, von dem viele Entwicklungsländer erfaßt sind,
mit hineingerissen werden.

Die Praxis zeigt, daß weder die Amerikaner noch die Russen
ernsthaft bereit sind, diese utopischen Ideale zu verwirkli-
chen. Beide Länder denken nicht im Traum daran, ihre
Grenzen für eine Masseneinwanderung aus der Dritten Welt
zu öffnen. Sie wissen nur zu genau, daß sie dies weder als
Bevölkerung, noch als politische Einheit überleben könnten.
Ideologien von One-World und brüderlichem Sozialismus ent-
puppen sich als Propaganda für besonders Einfältige.

Der Gleichheitswahn

Doch wann haben sich die deutschen Ideologen je von der
Realität beeindrucken lassen? Es ist daher nicht verwunderlich, daß gerade in Deutschland der Begriff von der »multikulturellen Gesellschaft« entstand. Zwar ist ungeklärt, was sich
ihre Propagandisten darunter genau vorstellen. Vermutlich
wissen sie es selbst nicht und jeder interpretiert den Begriff

nach eigenem Gutdünken. Im Ergebnis dürfte dieses Schlagwort aber die gleichen ideologischen Wurzeln haben, wie die bereits erörterte One-World-Idee bzw. der brüderliche internationale Sozialismus. Hierbei spielt die falsch verstandene Idee der »Gleichheit« eine verhängnisvolle Rolle. Die französische Revolution verstand unter Gleichheit lediglich, daß alle Menschen im Staat die gleichen Rechte erhalten sollten, daß also Privilegien des Adels abgeschafft werden sollten. Unsere Gleichheitsapostel verstehen unter Gleichheit jedoch vor allem die beliebige Austauschbarkeit aller Menschen dieser Erde. Sie predigen, daß für die nicht zu übersehenden unterschiedlichen menschlichen Begabungen allein die Umwelt und Ausbildung verantwortlich sei.

Die an unzähligen Beispielen zu demonstrierende Irrealität dieser Wahnidee hindert ihre Vertreter nicht im mindesten, sie bei jeder Gelegenheit zu verkünden und sie den Schülern als Glaubensdogma einzutrichtern. Wenn letztere die Annahme dieses Glaubens verweigern, geraten sie in Gefahr, als unbelehrbare Rassisten oder Rechtsradikale verleumdet zu werden. In dieser Frage findet also ein kaum noch zu überbietender Meinungsterror statt.

Dabei gibt die Anerkennung der natürlichen Unterschiede der Menschen keinerlei Anlaß zu jenem dünkelhaften und einfältigen Rassismus, der im Andersartigen prinzipiell etwas Negatives sieht.

Selbst Geschwister sind in den wenigsten Fällen gleich, d. h. mit gleichen Fähigkeiten und Begabungen ausgestattet. Dies kann jeder, der mehrere Kinder hat, täglich anschaulich beobachten. Ebenso unterschiedlich sind die Einzelbegabungen innerhalb eines Volkes. Was hilft es einem schwach begabten Deutschen, daß Goethe ein Deutscher war oder daß Deutschland viele Nobelpreisträger hervorgebracht hat. Er wird dadurch auch nicht intelligenter.

Wenn man die Begabungen und Fähigkeiten von Völkern untersucht, muß man zwangsläufig mit Durchschnittswerten arbeiten. Es gibt in jedem Volk Hochbegabte in den verschiedensten Bereichen. Entscheidend für den Aufbau einer Industriekultur ist jedoch, wieviel Prozent der Bevölkerung die dafür erforderlichen Fähigkeiten aufweisen. Wenn in einem Land nicht genügend Menschen mit technischer Begabung und mit Organisationstalent zur Verfügung stehen, hilft auch der größte Fleiß der Bevölkerung nichts. Alle Industrialisierungsversuche scheitern am zahlenmäßigen Mangel entsprechend begabter Menschen. Das hat sich an vielen Beispielen vor allem in den Entwicklungsländern immer wieder gezeigt.

Diese Tatsache besagt natürlich nicht, daß die betroffenen Völker deshalb minderwertiger sind. Derartige Kollektivbetrachtungsweisen sind schon deshalb unsinnig, weil es nur um prozentuale Anteile der entsprechenden Begabungen in diesen Völkern geht. Es wäre geradezu lächerlich, wenn sich etwa ein deutscher Hilfsarbeiter, nur weil in Deutschland mehr technisch Begabte leben, über einen Ingenieur aus Afrika erhaben dünken würde. Begabung ist immer individuell und nur das Individuum darf darauf stolz sein.

Mehr Anlaß zum Stolz hat allerdings der, der seine Begabungen, seien sie nun groß oder klein, auch so einsetzt, daß sie sich zum Vorteil für die Gemeinschaft auswirken.

Am Extremfall illustriert: was nutzt die Genialität eines Verbrechers, der nur Unglück über seine Mitmenschen bringt? Worauf sollte dieser stolz sein?

Man sieht also, daß eine realistische Betrachtung der mehrheitlich vorhandenen Begabungsunterschiede bei den Völkern nicht den geringsten Anlaß zu Überheblichkeit oder gar zu Rassenhaß gibt.

Es ist im Gegenteil vielmehr so, daß diejenigen, die die tatsächlich vorhandenen Unterschiede leugnen, mit ihrer emotional-ideologischen Betrachtungsweise auch konträre Emotionen und Ideologien hervorrufen. Der Mensch neigt dazu, auf unlogische emotionale Propaganda mit entsprechenden emotionalen Gegenargumenten zu reagieren.

So schaukeln sich gegenteilige Ideologien hoch. Die Humanitätsapostel, die der Bevölkerung ihre unlogische Ideologie aufzwingen wollen, sind daher die wahren Verursacher einer möglicherweise entstehenden Ausländerfeindlichkeit, die naheliegenderweise um so größer werden dürfte, je mehr Ausländer ins Land strömen.

Die christliche Religion gebietet es, in jedem Menschen ein Geschöpf Gottes zu sehen. Die göttliche Schöpfung hat aber auch die Anpassung aller Lebewesen an ihre natürliche Umwelt zum Ziel, um den so Angepaßten ein Überleben und menschenwürdiges Dasein in ihrem natürlichen Lebensraum zu ermöglichen.

Ein weiteres »göttliches Naturgesetz« ist auch die Schöpfung einer Vielzahl von Arten und einer immer feineren Differenzierung derselben. Diese Naturgesetze sollten wir schon deshalb achten, da Verstöße gegen sie meist sehr negative Folgen haben.

Ebenso sollten wir die von Gott geschaffene Verschiedenartigkeit der Völker als das achten, was sie bei logischer und natürlicher Betrachtung ist, nämlich das wertvollste Geschenk, das die Menschheit im Kampf ums Überleben von ihrem Schöpfer erhalten hat.

Die Völker und Rassen sind durch die Anpassung an ihre natürliche Umwelt entstanden und haben es der Menschheit ermöglicht, die gesamte Erde vom Äquator bis in die Regionen des ewigen Eises in Besitz zu nehmen.

Es ist jedoch offenbar auch ein unüberwindliches Naturgesetz, daß der Mensch nicht die Fähigkeit einer optimalen Anpassung an tropisches Klima und an die Kälte des hohen Nordens in sich vereinigen kann.

Die Differenzierungen, die diese optimale Anpassung der Völker an ihre natürliche Umwelt ermöglicht haben, liegen sowohl im rein organischen, wie auch im seelisch-charakterlichen Bereich. So bedarf der Eskimo vermutlich einer wesentlich größeren Fähigkeit zum Durchhalten in extrem ungünstigen Situationen als ein Bewohner tropischer Gebiete.

All diese Eigenschaften sind durch natürliche Auslese entstanden, werden vererbt und können nur in sehr begrenztem Umfang eingeübt werden.

Es ist eine Illusion, durch Vermischung der Völker einen begabteren und an seine Umwelt besser angepaßten Einheitsmenschen schaffen zu können. Das Gegenteil, nämlich eine wesentlich verminderte Anpassungsfähigkeit wäre die Folge – und dies kann für die Nachkommen tödliche Folgen haben.

Wenn eine Schöpfung universeller Angepaßtheit an extreme Hitze und Kälte möglich und sinnvoll gewesen wäre, hätte sie die Natur schon längst vollzogen.

Die Natur versucht jedoch immer mit einem Minimum an Aufwand ein Maximum an Erfolg zu erreichen.

In der Technik verhält sich der Mensch entsprechend. Der technische Aufwand, der z. B. für ein Geländefahrzeug erforderlich ist, wäre für einen Pkw, der nur auf gut ausgebauten Straßen fährt, zu aufwendig und kostspielig und wird daher sinnvollerweise unterlassen. Auch die menschliche Technik versucht also durch Spezialisierung mit dem geringsten Aufwand einen maximalen Erfolg zu erreichen. Dieses Verhalten ist durch und durch logisch und zeigt wieder einmal, daß sich auch die Natur streng nach den Gesetzen der Logik ausrichtet.

Die ersten Menschen waren sich vermutlich viel ähnlicher, als die im Laufe von Jahrtausenden entstandenen Völker.

Die Differenzierung, die die Natur also zwecks Anpassung an eine feindliche Umwelt vorgenommen hat, würde daher durch künstliche Vermischung wieder rückgängig gemacht werden. Eine derartige Politik würde gegen die Interessen aller Völker und aller Rassen verstoßen, die ein natürliches Menschenrecht besitzen, so zu sein und zu bleiben, wie sie in einer gnadenlosen und opfervollen »natürlichen Auslese« in Tausenden von Jahren entstanden sind.

Alle Völker und alle Rassen sollten sich daher selbstbewußt

als am besten an ihre Umwelt angepaßt begreifen und im Interesse der Zukunft ihrer Kinder und der Menschheit ihre Identität zu erhalten versuchen.

Nur überzivilisierte und die Natur verachtende Menschen können in dieser Anpassung der Völker an ihre Umwelt etwas Negatives sehen. Die völlig einseitige Verherrlichung des Intellektuellen in vielen Industrieländern mag durch die spezielle Industriekultur eine begrenzte Berechtigung haben. Sie ist aber auf Dauer zum Überleben nicht so notwendig, wie bestimmte körperliche Eigenschaften.

Außerdem kann niemand die Prognose abgeben, daß unsere durch die moderne Technik entstandene »Kunstwelt« mit ihren Klimaanlagen und sonstigen Bequemlichkeiten das nächste Jahrhundert überdauern wird. Wird der Mensch aber wieder zu vorindustriellen Lebensweisen gezwungen, dann entscheidet allein die optimale Anpassung an die Umwelt über sein Überleben. Die Völker sind es daher ihren Nachkommen schuldig, diese Angepaßtheit weiterzuvererben.

Wer sie durch Vermischung einschränkt, verursacht sinnlose Leiden der nicht mehr ausreichend an die Natur angepaßten Nachkommen.

Auch der kulturelle Aspekt ist noch zu beachten. Die verschiedenen Völker haben unterschiedliche Kulturen mit einmaligen, unverwechselbaren Qualitäten entwickelt. Auch diese gehören zum wertvollsten Erbe der Menschheit. Wir sollten daher alles tun, die Kulturen und die Völker möglichst so zu erhalten, wie sie sind. Eingriffe in diese wundervolle Vielfalt wären der gleiche Frevel, wie wenn man aus allen Blumen dieser Erde eine Einheitsblume züchten und alle anderen Blumen vernichten würde. In der Kunst erwartet man vom großen Künstler immer etwas Neues bzw. eine neue Differenzierung. Die Natur ist jedoch der größte Künstler, da sie eine unglaubliche Vielfalt der Lebensformen hervorgebracht hat. Wer diese Vielfalt etwa durch Ausrottung von Tierarten oder durch Vermischen der Völker zerstört, begeht

ein Verbrechen an der göttlichen Schöpfung. Eine Völkervermischung ist zugleich eine Völkervernichtung. Wer Völker
vernichtet, zerstört damit aber auch einmalige göttliche
»Kunstwerke«, die in jahrtausendelanger mühsamer Entwicklung entstanden sind.

Im Grunde steht hinter der Ideologie eines »Welteinheitsmen-
schen« ein vergleichbarer Ungeist, wie der des Dritten Reiches, der nur ein Volk akzeptieren wollte und andere Völker
als minderwertig betrachtete bzw. sogar deren Vernichtung
betrieb. Hinter ihm steht eine völlig lebensferne und lebens-
feindliche Ideologie, der nicht nur jede Toleranz, sondern
auch jedes Gefühl für die Natur und für die Schönheit und den
Wert der Vielfältigkeit der Natur fehlt.

Dieser Ungeist ist daher das typische Produkt einer aufkläreri-
schen, rein materialistischen Geisteshaltung, die aber aufgrund der menschlichen Natur offenbar auch ihre pseudoreli-
giösen Vorgaben braucht und diese in lebensfeindlichen – oft
geradezu perversen – Ideologien findet.

Dies alles ist eine Folge der Abwendung des Menschen von
der Religion und von der echten Religiosität.

Diese Leute – meist blutleere rein theoretische Intellektuelle
– haben daher weder Ehrfurcht vor der Natur noch vor den
von dieser Natur geschaffenen unterschiedlichen Völkern.

Daher sei diesen Leuten nochmals gesagt: in der Natur gibt es
keine besseren oder schlechteren Völker. Vielmehr ist jedes
Volk in seinem von ihm seit Jahrtausenden bewohnten
Lebensraum das beste. Daher können alle Rassen und Völker
auf sich stolz sein, so wie sie sind. Sie sollten sich um ihrer
Zukunft willen nicht dazu überreden lassen, ihre biologische
und kulturelle Identität aufzugeben.

In der Praxis halten sich die meisten Menschen auch an diese
Grundsätze. Es ist im Gegenteil weltweit sogar eine Neigung
zur Differenzierung und zur Erhaltung der eigenen Identität
erkennbar, die sich teils leider auch in überzogenen Reaktio-
nen äußert.

Ich meine hier den weltweit zunehmenden Separatismus, der sich oft mit Gewalt und Terror durchzusetzen versucht. In sehr vielen Fällen steckt zwar der Eigennutz der jeweiligen Führer hinter solcher Politik, da sich diese durch die Bildung eigener Staaten oder Volksgruppen mehr Macht und Geld versprechen. Diese Leute könnten aber nicht so wirkungsvoll agieren, wenn sie nicht eine Bereitschaft der Bevölkerung, ihre eigene Identität stärker zum Ausdruck zu bringen, vorfinden würden. Sie stützen sich also auf etwas, was nach den Vorstellungen der One-World-Ideologen gar nicht existiert bzw. nicht existieren dürfte.

Ein größerer Widerspruch wie der zwischen einem weltweit zunehmenden Separatismus und den Träumen von einer multikulturellen Gesellschaft ist kaum denkbar. Die Weltbeglückungsideologen ziehen daraus aber nicht die logischen Konsequenzen. Sie müßten doch erkennen, daß eine multikulturelle Gesellschaft in Form eines unmittelbaren Zusammenlebens verschiedenster Volks-, Kultur- und Religionsgruppen auf engstem Raum nicht funktionieren kann, da die Menschen dies offenbar nicht vertragen.

Es kann hierbei dahingestellt bleiben, ob dies biologische Ursachen in Form von »fremdenfeindlichen Genen« hat, wie manche Verhaltensforscher vermuten.

Tatsache ist, daß eine multikulturelle Gesellschaft mit erheblichen biologischen oder kulturellen Unterschieden ihrer Mitglieder auf Dauer nicht in einem Staat existieren kann.

Dies zeigt sich weltweit an einer Fülle von Beispielen: Durch willkürliche Grenzziehungen, die die europäischen Kolonialmächte in Afrika nach ihrem Abzug hinterlassen haben, wurden oft unterschiedliche Stämme bzw. Völker in einem Staatsgebiet zusammengefaßt.

Die »Befreiung« von den europäischen Kolonialmächten führte regelmäßig zunächst einmal zu freien Wahlen. Dies war aber leider in den meisten Fällen auch das letzte Mal. Dann übernahm die zahlenmäßig stärkste oder gewalttätigste Volksgruppe die Macht und unterdrückte die Minderheiten oft wesentlich massiver als es vorher die Kolonialmächte getan hatten. Letztere hatten den Einwohnern zwar keine politische Mitbestimmung, aber immerhin rechtsstaatliche Verhältnisse beschert.

Im Gegensatz dazu gibt es heute in sehr vielen Entwicklungsländern weder einen ausreichenden Minderheitenschutz noch rechtsstaatliche Verhältnisse.

Dies führt zur Unterdrückung und Benachteiligung der jeweiligen Minderheiten. Die Folge sind blutige Bürgerkriege (z. B. im Sudan und Äthiopien).

Aber auch in den Gebieten der Erde, in denen man von einer Benachteiligung der Minderheiten kaum sprechen kann, sind Bürgerkriege ausgebrochen, oder befinden sich durch zunehmenden Terrorismus in Vorbereitung. Man denke nur an den Bürgerkrieg in Sri Lanka (Ceylon) oder den Terror im Punjab (Indien), wo die Religionsgemeinschaft der Sikhs separatistische Forderungen durchzusetzen versucht.

Auch das demokratische, rechtsstaatliche und vergleichsweise wohlhabende Europa bleibt vom Separatismus nicht verschont. Man betrachte nur Nordirland und das Baskenland. Welch eine Ironie im Zeitalter der europäischen Einigung!

Der Vielvölkerstaat UdSSR bekommt mit seinem Nationalitätenproblem ebenfalls erhebliche Schwierigkeiten, sobald er den staatlichen Würgegriff um die Meinungsfreiheit lockert.

Das anschaulichste Beispiel ist jedoch der Libanon, wo sich die beteiligten Volks- und Religionsgruppen bereits einen mehr als 14 Jahre währenden blutigen Bürgerkrieg liefern.

Vor diesem »Vulkanausbruch« seiner so lange friedlich schlummernden »multikulturellen Kräfte« war der Libanon eines der wohlhabendsten Länder des Nahen Ostens, der häufig mit der Schweiz verglichen wurde und der einfältigen Weltverbesserern als gelungenes Demonstrationsobjekt für die One-World-Idee diente. Heute kann er als Demonstrationsobjekt für die tödliche Bedrohung, die eine multikulturelle Gesellschaft für die meisten Staaten der Erde darstellt, gelten.

Derartige Gesellschaften können auf längere Dauer meist nur bei einer gnadenlosen Unterdrückung der kulturellen und nationalen Eigenheiten der beteiligten Völker existieren. Lediglich kleine und unbedeutende Minderheiten, die für die große Mehrheit keine Bedrohung darstellen, können relativ problemlos ohne Integration oder weitgehende Assimilation in einem Staat existieren. Mit viel Geld und einigen anderen Maßnahmen lassen sich auch Probleme mit größeren Minderheiten (wie in den USA) zumindest teilweise neutralisieren. Ob dies auf Dauer funktioniert − insbesondere dann, wenn der Wohlstand erheblich sinken sollte − muß sich erst noch erweisen. Wenn nur ständige staatliche Eingriffe (wie z.B. zwangsweiser gemeinsamer Schulbesuch von Weißen und Farbigen, berufliche Privilegierung der Minderheiten und hohe Sozialhilfeleistungen) Ausbrüche der Gewalt verhindern, steht eine solche Gesellschaftsordnung auf relativ schwachen Füßen.

Auf dem Höhepunkt der Rassenkonflikte in den USA wurde von einigen Negerführern bezeichnenderweise gefordert, einen Bundesstaat der USA allein den Negern zu überlassen. Diese Idee, die keineswegs unvernünftig ist, zeigt, daß die verschiedenen Völker und Rassen es meist vorziehen mit Menschen der gleichen Hautfarbe und Kultur zusammenzuleben. Zumindest möchten die Menschen nicht in der Minderheit sein, da sie sich − auch wenn dies in der Praxis oft nicht zutrifft − als Minderheit fast immer benachteiligt fühlen. Hier spielt wahrscheinlich die uralte entwicklungsgeschichtliche Erfahrung, daß Minderheiten von den Mehrheiten fast immer skrupellos unterdrückt und ausgebeutet wurden, eine entscheidende Rolle.

Auch die tägliche Erfahrung zeigt, daß es vorteilhaft ist, auf der Seite der meist stärkeren Mehrheit zu stehen. Der entsprechende, auf dieser Erfahrung beruhende Instinkt wirkt sich sogar bei den Wahlen in demokratischen Ländern aus, wo ein sichtbar gewordener Siegeszug für eine große Partei viele Wähler veranlaßt, diese ebenfalls zu wählen, auch wenn sie ursprünglich vorhatten, ihre Stimme der Konkurrenzpartei zu geben. Selbst die Mode existiert von solchen Gruppeninstinkten. Wer will schon auffallen und sich vom Geschmack der Masse lösen. Auch eine »alternative« Anti-Mode kann das absurde Schicksal erleiden, selbst zur Mode zu werden.

Man sieht an diesen Beispielen, daß der Mensch von Gefühlen und Instinkten geleitet wird, die nicht selten im Gegensatz zur Vernunft stehen. Am unvernünftigsten wäre es jedoch, diese menschliche Veranlagung zu ignorieren und auf dieser Ignoranz ohne Not die Utopie einer multikulturellen Gesellschaft aufzubauen, die bei ihrer Realisierung früher oder später mit einem Zerfall des entsprechenden Staates enden muß.

Auch ein »Vielvölkerstaat« wie die Schweiz, der bereits durch Jahrhunderte friedlich existiert, ist kein Gegenbeweis.

Solche relativ kleinen Staaten lassen sich nicht mit größeren Nationen vergleichen, genausowenig, wie sich etwa südamerikanische »Bananenrepubliken« mit ihrem teils vorhandenen Völkergemisch mit Industriestaaten vergleichen lassen.

Die Schweiz genießt auch den Vorteil der engen Verwandtschaft der europäischen Völker, die durch ständige Wanderungsbewegungen (nicht nur im Rahmen der Völkerwanderung) und Vermischung zustande gekommen ist.

Aus dem gleichen Grund hätte ein enger europäischer Zusammenschluß, etwa in einem Europa der Vaterländer, der die nationalen Eigenheiten der Völker bewahrt und respektiert, relativ gute Erfolgsaussichten. Möglicherweise könnte daraus im Verlaufe einiger Generationen sogar eine Europäische Nation werden, ähnlich wie sich die deutsche Nation aus den verschiedenen Stämmen zusammensetzt. Voraussetzung für den Erfolg einer solchen Staatenbildung ist aber eine in großen Zügen gemeinsame Kultur und Religion. Wer daher glaubt, die EG auch auf islamische Staaten ausdehnen zu müssen, zerstört damit zugleich die Aussicht auf eine dauerhafte politische Einigung Europas. Eine weitere Voraussetzung ist auch der wirtschaftliche Erfolg solcher Vereinigungen.

Wenn die EG wirtschaftlich gut funktioniert und allen Vorteile bringt, hat sie gute Aussichten, dauerhaft existieren zu können. Dabei dürfen aber Bevölkerungsgruppen wie die Landwirte nicht auf dem Altar der Gemeinschaft geopfert werden. Gewisse Einschränkungen und Opfer für die Gemeinschaft sind zwar immer erforderlich, da sie sonst an ihren Interessengegensätzen zerbrechen müßte. Wenn diese Opfer jedoch zur Existenzvernichtung einer großen und für den Staat sehr wertvollen Bevölkerungsgruppe führen, liegt eine unzumutbare Fehlkonstruktion vor, die im Interesse der europäischen Idee korrigiert werden sollte.

Um noch einmal auf das Beispiel der Schweiz zurückzukommen: Dort genossen die Menschen jahrhundertelang den Frieden, während ringsum in Europa fast ständig irgendwo Krieg geführt wurde. Der Vorteil der Eidgenossenschaft lag daher für alle beteiligten Volksgruppen auf der Hand und ließ separatistische Tendenzen kaum aufkommen.

Außerdem hat die Schweiz auch eine ausgesprochen föderalistische Struktur und beteiligt ihre Bürger durch Volksabstimmungen auch unmittelbar an politischen Entscheidungen. Dies hat erheblich zu ihrer Stabilität beigetragen.

Wenn es in den Nachbarländern jedoch wesentlich besser ausgesehen hätte, der Friede also dauerhaft gewesen wäre und der Wohlstand den der Schweiz erheblich übertroffen hätte, wären Loslösungstendenzen einzelner Volksgruppen zwecks Anschluß an die gleichsprachigen Nachbarstaaten auch in der Schweiz zu erwarten gewesen.

Multikulturelle Gesellschaften und Vielvölkerstaaten können also unter bestimmten Voraussetzungen längere Zeit existieren. Sie sind jedoch der ständigen Drohung des Zerfalls in Einzelstaaten ausgesetzt. Die in Notzeiten dringend erforderliche Stabilität kann daher relativ schnell verloren gehen. Solchen Belastungen sollte man einen Staat daher nicht aussetzen.

Die Gefahr des Zerfalls solcher Staaten ließe sich dauerhaft nur durch eine Völkervermischung vermeiden, die jedoch – wie bereits ausgeführt – die besonderen menschlichen und kulturellen Qualitäten der beteiligten Völker weitgehend zerstört. Auf diese Weise sind bereits viele Kulturen untergegangen. Vor allem kleine Völker wurden von den größeren durch Vermischung aufgesogen.

Eine rühmliche Ausnahme bildet das Judentum, dem trotz seiner Zerstreuung in viele Teile der Welt die historisch einmalige Leistung gelang, nicht in den Wirtsvölkern aufzugehen. Die Juden konnten so ihre spezielle Kultur erhalten und andere Kulturen damit befruchten. Hierzu half ihnen ihre Religion, der sie konsequent die Treue hielten, auch wenn dies in vielen Ländern mit erheblichen Nachteilen und oft mit Verfolgungen verbunden war. Dies ist eine bewundernswerte und vorbildliche Leistung, die nach nahezu 2000 Jahren in der Gründung des Staates Israel ihren sichtbaren Triumph erlebte. Der Staat Israel ist jedoch sehr gefährdet. Dabei ist die unmittelbare militärische Bedrohung durch die arabischen Nachbarländer langfristig vermutlich weniger problematisch als die Bevölkerungsexplosion in den Nachbarländern und bei den in Israel lebenden Arabern.

Wenn die Bevölkerungsentwicklung in Israel so weitergeht, daß der arabische Teil der Bevölkerung eine wesentlich höhere Geburtenrate aufzuweisen hat als der jüdische Teil, ist der Zeitpunkt absehbar, in dem die Araber in der Mehrheit sind und nach dem demokratischen Grundsatz »one man, one vote« die Regierung übernehmen können. Dies wäre dann das Ende des jüdischen Staates. Außerdem dürfte die Situation des israelischen Staates durch die Bevölkerungsexplosion in den arabischen Nachbarländern und dem davon ausgehenden Einwanderungsdruck in das vergleichbar wohlhabende Israel diese Probleme noch erheblich verschärfen. Hier könnte langfristig eine fast ausweglose Situation entstehen.

Wir Europäer können daran sehr anschaulich beobachten, wie die Macht der Biologie – hier also der Bevölkerungsvermehrung – über alle anderen vergänglichen Mächte triumphiert. Da wir uns in Europa hinsichtlich der Bevölkerungsentwicklung in einer ähnlichen Situation wie der jüdische Bevölkerungsteil Israels befinden, muß uns diese Entwicklung als unübersehbare Warnung vor einer Einwanderungswelle aus der Dritten Welt und vor den damit verbundenen multikulturellen Experimenten dienen.

Im Gegensatz zu »multikulturellen« Vielvölkerstaaten sind militärische, wirtschaftliche oder politische Staatenbündnisse nicht von vornherein negativ zu bewerten. Wenn die Vernunft derartige Bündnisse gebietet, sollte man sie auch emotionslos eingehen. Man muß sich allerdings des Sprengstoffes, der wegen einer nicht immer einheitlichen Interessenlage entstehen kann, bewußt sein und besondere Sorgfalt auf einen gerechten Ausgleich der Interessen legen. Besonders wichtig ist auch eine möglichst föderalistische Struktur. Bündnisse, die auf verstärkten Abbau der nationalen Souveränität zugunsten einer Gemeinschaft hinauslaufen, sind jedoch nur sinnvoll, wenn sie auf Dauer existenzfähig sind. Dazu gehört in jedem Fall mehr als gemeinsame Interessen auf bestimmten (etwa wirtschaftlichen) Gebieten. Wenn keine weitgehende kulturelle und religiöse Gemeinsamkeit der beteiligten Völker besteht, können unvermeidbare Interessengegensätze so mit kulturellen und nationalen Emotionen »aufgeheizt« werden, daß die Gemeinschaft an ihnen zerbricht.

Was für Staatengemeinschaften gilt, ist auch innerhalb einzelner Staaten zu beachten. Politische und soziale Gegensätze existieren in jedem Volk und in jeder Gesellschaft. Ein Ausgleich zwischen ihnen ist um so schwerer, je mehr weitere Interessensgegensätze durch unterschiedliche Volkszugehörigkeit, Religion und Kultur hinzukommen. In friedlichen

Zeiten, in denen die meisten im Wohlstand leben, lassen sich solche Gegensätze meist noch relativ leicht überbrücken.

Der internationale Jet-Set, der sich weltweit in Luxushotels trifft, wird Gegensätze der Volkszugehörigkeit, der Religion oder Kultur lediglich als interessant, nicht aber als Stein des Anstoßes empfinden. Man hat jedenfalls noch nie davon gehört, daß es in diesen Kreisen über solche Fragen zu Konflikten gekommen wäre.

Die Menschen, die jedoch nicht von ihrem Vermögen leben können und sich daher auf dem Arbeitsmarkt, bei der Wohnungssuche usw. mit Konkurrenten anderer Volkszugehörigkeit und Religion auseinandersetzen müssen und bei dieser Auseinandersetzung möglicherweise noch unterliegen, werden dafür in der Regel den »Fremden« und »Andersartigen« verantwortlich machen, der ihnen ihre ureigensten »Jagdgründe« streitig macht und darüber nicht mit christlicher Nächstenliebe oder humanistischer Toleranz hinweggehen.

Zunehmende Konflikte unter den Gruppen führen auch bei relativ Unbeteiligten zu Solidaritätsgefühlen gegenüber der eigenen Gruppe.

Dies sind Binsenweisheiten und jeder, der »dem Volk aufs Maul schaut« und sich in die Situation der Menschen einfühlt, kann diese Erfahrungen sammeln.

Bei vielen unserer führenden Politiker, Gewerkschafter und Kirchenmänner vermißt man allerdings diese Einsichten. Liegt dies vielleicht daran, daß sie von ihrer Einkommenssituation her auch schon fast zum Jet-Set zu rechnen sind? Zumindest kommen sie nicht unmittelbar mit den Konkurrenzproblemen in Berührung, mit denen sich der kleine Mann herumplagen muß. Ein besonderes Ärgernis ist es jedoch, daß diese wohlhabenden »Spitzen unserer Gesellschaft« mangels Einfühlungsvermögens dem kleinen Mann seine vermeintliche Ausländerfeindschaft mit dem moralischen Knüppel auszutreiben versuchen, statt sein Interesse, von der ausländischen Konkurrenz möglichst verschont zu werden, zu respektieren.

Diese Konkurrenzprobleme nehmen in Notzeiten erfahrungsgemäß Formen an, die den Staat weitgehend destabilisieren
können. Man sollte daher zwecks Sicherung des Staates und
der Demokratie von vornherein alles vermeiden, was derartige Probleme entstehen läßt und in unserem übervölkerten
Gebiet Einwanderungen von nicht integrierbaren Ausländern
zu verhindern suchen.

Integrierbare »Ausländer« aus den Nachbarstaaten der EG
stellen gegenüber den aus kulturellen und religiösen Gründen
nicht integrierbaren Ausländern ein wesentlich geringeres
Problem dar. Sie sind meist auch viel eher bereit, Europa als
Schicksalsgemeinschaft zu begreifen und alles zu tun, um die
politische und wirtschaftliche Stabilität der Gemeinschaft in
Krisenzeiten möglichst zu erhalten.

Wer jedoch aus kulturellen und religiösen Gründen kein
Interesse an einer Integration hat und damit geistig zumindest
noch mit einem Fuß in seiner Heimat steht, wird eher zu
radikalen politischen Experimenten, die den Staat und die
Wirtschaft zerstören können, neigen, da er im Notfall immer
noch in seine Heimat zurückkehren kann.

Wer daher unseren Staat und unsere Demokratie vernichten
will, »verordnet« uns am besten eine multikulturelle Gesellschaft.

Die bereits vorhandenen, nicht integrierbaren Ausländer können unserem Staat in Krisenzeiten erhebliche Probleme bereiten. Wenn die Ausländerzahlen durch Masseneinwanderung
noch erheblich ansteigen, sind sie allein bereits geeignet, eine
soziale, wirtschaftliche und politische Krise bei uns auszulö-
sen, die unsere Demokratie zerstört.

Steigende Arbeitslosigkeit und ein soziales Netz, das den
Anforderungen nicht mehr gewachsen wäre, würden eine
Kettenreaktion mit unabsehbaren Folgen auslösen, die wegen
der engen wirtschaftlichen Verflechtungen mit unseren EG-

Partnern auch diese miterfassen würde. Unsere derzeitige Staatsverschuldung liegt bei über 900 Milliarden DM. Die Rentenversicherung hat nur Rücklagen für ca. einen Monat und müßte ohne den sogenannten Generationenvertrag, der sich mehr und mehr als ein Generationenbetrug entpuppt, Konkurs anmelden. Unsere Steuerbelastung zählt zu den höchsten der Welt.

Es ist unbegreiflich, wie sich in dieser Situation unsere Politiker immer wieder hinstellen und erklären: »Wir sind reich.« Unser ganzer angeblicher Reichtum beruht doch – von seiner Fragwürdigkeit aufgrund der überschuldeten Staats- und leeren Rentenkassen einmal abgesehen – allein auf den hier vorhandenen Industrieanlagen, dem Know-how und dem geschulten Personal. Was geschieht jedoch, wenn wir wegen einer Weltwirtschaftskrise oder wegen billigerer asiatischer Konkurrenz unsere Waren nicht mehr verkaufen können oder wenn wir wegen Rohstoffmangels nichts mehr produzieren können. Dann stehen sehr schnell »alle Räder still«. Ein paar stillstehende Räder würden bereits ausreichen, um das »Uhrwerk« unserer äußerst komplizierten Wirtschaft zum Stillstand zu bringen. Unser gesamtes Wirtschafts- und Sozialsystem würde dann zusammenbrechen. So etwas könnte unsere Demokratie nicht überleben.

Statt sich jedoch für solche Notzeiten abzusichern, behalten manche unserer Politiker nicht nur ihre Ausgabefreudigkeit bei, sondern glauben auch noch, diesen Staat mit einer Masseneinwanderung nicht integrierbarer Ausländer belasten zu können.

Der prominente SPD-Politiker Peter Glotz erklärte (»Die Welt« vom 2. 8. 1989) zur Frage einer Eindämmung des Einwandererstroms nach Deutschland folgendes: »Wir haben in vielen Kontinenten und Ländern der Welt sehr hohe Geburtenraten, Not und Elend, und die Menschen treten sich tot. Wir haben im alten Kontinent in weiten Teilen Europas, beispielsweise in der Bundesrepublik, aber auch in anderen

Ländern sehr niedrige Geburtenraten und eine fantastische Infrastruktur, die Schritt für Schritt nur noch halb ausgelastet wird. Dort treten sich die Leute tot und bei uns laufen die Politiker mit zerfurchter Stirn durch die Gegend und überlegen sich, wie eigentlich die Renten bezahlt werden sollen, die Infrastruktur ausgelastet werden soll und wie sie die teueren Schwimmbäder, die sie gebaut haben, in den Kleinstädten um München herum, noch voll bekommen. In einer solchen Situation sozusagen, mit der Theorie, das Boot ist voll, zu argumentieren . . . Da kann ich nur sagen, das halte ich nicht für eine Zukunftsperspektive.«

Hier wagt es ein Einwanderungsbefürworter unter den Politikern endlich einmal, der deutschen Bevölkerung klar zu sagen, was man anstrebt. Die deutsche Bevölkerung, die durch die bereits erwähnte unsoziale und grundgesetzwidrige Familienpolitik immer mehr schrumpft (Abtreibungsraten von über 200 000 im Jahr sind trauriger Rekord), soll nach und nach durch Ausländer aus den Entwicklungsländern ersetzt werden − und sei es auch nur, um die Schwimmbäder zu füllen.

Diese Armutsflüchtlinge aus den tropischen Ländern wären − wegen soziologischer, religiöser und kultureller Probleme − hier nicht integrierbar und könnten in der großen Mehrzahl der Fälle auch nicht in unseren Fabriken beschäftigt werden. Hätten sie die für eine Industriegesellschaft nötigen Eigenschaften, wäre − wie bereits ausgeführt − aufgrund der niedrigen Löhne in ihren Heimatländern dort schon längst eine leistungsfähige Industrie (wie in bestimmten asiatischen Ländern) aufgebaut worden.

Für die meisten dieser Einwanderer stünde daher voraussichtlich kein »produktiver« Arbeitsplatz zur Verfügung, und sie müßten Sozialhilfe beziehen.

Herrn Glotz ist allerdings insofern zuzustimmen, als diese Ausländer dann genügend Freizeit hätten, die deutschen Schwimmbäder zu bevölkern.

Um dies alles zu finanzieren, müßte man natürlich die Steuern und auch die Arbeitszeiten der verbleibenden arbeitsfähigen deutschen Bevölkerung ganz erheblich erhöhen. Als »letztes Aufgebot« müßte man auch sämtliche deutsche Hausfrauen schnellstens in den industriellen Arbeitsprozeß eingliedern. Diesen bliebe dann für die Betreuung von Kindern natürlich keine Zeit mehr, weshalb man auch die Abtreibungspraxis noch erheblich liberalisieren müßte. Für den entsprechenden Geburtennachschub sorgen dann die Ausländer.

Was werden sie jedoch tun, wenn ihre deutschen »Lastesel« eines Tages ganz ausgestorben sind?

Dieser Kommentar mag für viele satirisch und absurd klingen. Er ist jedoch wesentlich realistischer als die Propaganda der Einwanderungsbefürworter, die glauben, jeden Deutschen beliebig durch einen Ausländer ersetzen zu können.

Besonders der Sozialismus, der die Leistungsfähigen über Gebühr ausbeutet, um den »unglücklichen Leistungsschwachen« ein möglichst angenehmes Leben zu verschaffen, wäre dazu berufen, die vorstehend genannten Ergebnisse zu erzielen. Die deutsche Bevölkerung kann sich daher ausrechnen, was auf sie zukommt − insbesondere, wenn man den Ausländern auch noch ein Wahlrecht einräumt.

Selbst ein kommunistisches System dürfte im Vergleich zur »Hölle« einer derartigen »multikulturellen Gesellschaft« noch wesentlich erträglicher erscheinen.

VIII. Asylschwindel ohne Ende?

Entwicklung und ideologischer Hintergrund

Wenn das Thema Asyl in der Öffentlichkeit erwähnt wird, geschieht dies meist im Zusammenhang mit einem erneuten Anstieg der Asylbewerberzahlen.

Während zwischen 1971 und 1973 jährlich etwa 5000 Asylbewerber in die Bundesrepublik kamen, wird diese Zahl derzeit häufig schon in zwei Wochen erreicht.

1980 wurden erstmals über 100 000 Bewerber registriert. Mit allerlei Restriktionsmaßnahmen, wie Arbeitsverbot, Unterbringung in Sammelunterkünften und vor allem mit dem Visumzwang für viele Länder, gelang es, diese Zahlen wieder zu senken bis im Jahre 1986 erneut etwa 100 000 Bewerber einreisten.

Im Jahr darauf blieb die Zahl der Bewerber nur deshalb unter dieser Schwelle, weil es unserer Regierung gelang, mit der DDR einen Stop des »Asyltourismus« zu erreichen. DDR-»Flucht«-Fluggesellschaften hatten Tausende von Asylbewerbern nach Ost-Berlin eingeflogen, von wo aus sie sich zwecks Asylantragstellung nur nach West-Berlin begeben mußten.

Auf diesem Weg kamen zeitweise bis zu 50 Prozent der Asylbewerber.

Dieser Erfolg hielt jedoch nicht allzulange an, da 1988 bereits wieder eine Asylbewerberzahl von 103 000 erreicht wurde.

Die Tendenz ist weiterhin steigend (Von Januar bis September 1989 ist mit 86 695 Bewerbern bereits eine Zunahme von 27 Prozent gegenüber dem Vorjahreszeitraum eingetreten.).

Dies ist aufgrund des in den vorangegangenen Kapiteln beschriebenen Einwanderungsdruckes aus den Entwicklungsländern verständlich.

Die Regierung versucht mittels Visumzwanges für weitere Länder, die Zahl der Einwanderer zu begrenzen. Diese Methode hat erfahrungsgemäß allerdings immer nur so lange Erfolg, bis die Schlepper Mittel und Wege gefunden haben, die Asylschwindler auf andere Weise in die Bundesrepublik einzuschleusen.

Wenn die deutschen Wähler wüßten, welch unglaublicher Schwindel mit dem Asylrecht des Art. 16 Grundgesetz auf ihre Kosten getrieben wird, hätten jene Politiker, die sich gegen eine Änderung des Asylgrundrechts aussprechen, keinerlei Chancen wiedergewählt zu werden.

Lediglich eine massive Kampagne gewisser Medien, die glauben, daß das Asylrecht wesentlicher Bestandteil des linken Weltbildes sei — was es in Wirklichkeit natürlich nicht ist — verhinderte bisher, daß die Wähler die volle Wahrheit erfuhren. Man kann allerdings in unserer pluralistischen Gesellschaft die Wahrheit trotz aller Propaganda nicht völlig unterdrücken. Daher hat bei vielen Wählern inzwischen eine Meinungsbildung eingesetzt, die zumindest Teile des gigantischen Asylschwindels richtig erkennt und entsprechende Konsequenzen daraus zieht. Die interessierten Kreise von »links« bis »rechts« laufen zwar gegen diese Erkenntnis Sturm und versuchen die »aufsässige« Bevölkerung mit dem moralischen Knüppel durch Diffamierung als Ausländerfeinde und Rechtsradikale zur Raison zu bringen.

Dabei wird nach dem einfachen Schema gearbeitet, daß die höchste Weisheit unserer Politik darin besteht, genau das Gegenteil von dem zu tun und zu denken, was man im Dritten Reich getan oder gedacht hat. Damals propagierte man einen engstirnigen und fanatischen Nationalismus. Deshalb glauben viele Meinungsmacher heute einen ebenso intoleranten fanatischen Internationalismus propagieren zu müssen. Beherrscht die NSDAP also nach mehr als 40 Jahren noch immer unser Denken? Sie beeinflußt wohl kaum das Denken des deutschen Durchschnittbürgers. Anders sieht es jedoch bei vielen Intellektuellen und Politikern aus. Dort beherrscht die NSDAP mittelbar — nämlich als radikale Contra-Position nahezu vollständig das Denken vieler unserer vermeintlich guten Demokraten.

Wie kann sich ein Demokrat von einer vergangenen Diktatur geistig derartig bevormunden und unterjochen lassen, daß er nicht mehr in der Lage ist, frei und unabhängig zu denken und politisch das zu vertreten und durchzusetzen, was ihm die Vernunft befiehlt? Wer immer meint, genau das Gegenteil von dem tun zu müssen, was ein anderer getan oder propagiert hat, handelt unter einer Zwangsneurose.

Wer sich daher und sei es auch nur unter umgekehrten Vorzeichen − von Hitler seine politische Position vorschreiben läßt, hat wohl nicht das Recht, sich als guten Demokraten zu bezeichnen, da er das Wesen der Demokratie als Volksherrschaft völlig verkennt.

In einer Demokratie ist der Wille der Mehrheit des Volkes zu beachten. Es hat insofern unbeachtlich zu sein, was vorangegangene Diktaturen gedacht oder getan haben. Man darf sich vom Dritten Reich auch keine radikale Anti-Haltung gegen die damals vorherrschenden politischen Ansichten vorschreiben lassen. Dies gilt um so mehr, als die NSDAP vielfach nur die im konservativen europäischen Bürgertum vorherrschenden Meinungen übernommen hat. Soll deshalb das europäische Bürgertum seine Ideale über Bord werfen?

Die Sozialisten geben doch auch nicht ihre Ideale auf, nur weil Hitler auch viele ihrer Ideen übernommen hat. Daß einige dieser konservativen Ideale von der NSDAP so maßlos übersteigert wurden, daß sie sich in ihr Gegenteil verkehrten, darf man schließlich nicht diesen Idealen anlasten, sondern nur der von mir bereits beschriebenen, zu Exzessen neigenden Mentalität einiger deutscher Intellektueller. Es besteht für einen vernünftigen Demokraten heute keinerlei Anlaß, diese Exzesse − nunmehr genau in gegenteiliger Richtung − zu wiederholen.

Die neurotische Propagierung eines Internationalismus als Anti-Haltung auf den fanatischen Nationalismus des Dritten Reiches wird von der großen Masse der deutschen Bürger heute zu Recht nicht mehr akzeptiert.

Dies liegt sicher auch daran, daß die deutschen Wähler nur zu gut wissen, daß sie keine Ausländerfeinde sind. Sie haben im Gegenteil die Gastarbeiter, die ihnen letztlich auch aufgezwungen wurden, ohne Murren aufgenommen und sind ihnen sogar relativ freundschaftlich begegnet.

Auch ihr Bild vom Ausländer hat sich gewandelt. Sie wissen sehr genau zwischen einem Mitbürger aus der EG und einem anderen Ausländer zu unterscheiden. Die Neigung, Bürger der EG überhaupt nicht mehr als echte Ausländer anzusehen, wächst sogar zunehmend. Man denke hier nur an das Verhältnis zu den Italienern, die von der großen Masse der Deutschen inzwischen als »vollwertige« Mitbürger anerkannt werden. Genauso fühlen sich Deutsche, die häufig ihren Urlaub in Italien verbringen, dort schon fast wie zuhause. Dies ist nicht nur eine Folge der europäischen Gemeinschaft, sondern vor allem auch auf die leichte Integrierbarkeit der Angehörigen der europäischen Völker in ihren Nachbarländern zurückzuführen. Dabei hilft auch die Erkenntnis der vielen Gemeinsamkeiten, die die europäischen Völker verbinden.

Die Situation ist jedoch bei den türkischen Gastarbeitern schon erheblich problematischer, da sie einem ganz anderen Kulturkreis entstammen und da der Islam eine Integration praktisch unmöglich macht. Eine echte Integration würde letztlich die Aufgabe der islamischen Religion voraussetzen. Dies kann man von den Türken jedoch nicht verlangen. Daher werden sie unvermeidbar eine türkische Kolonie im deutschen Staat bilden. So etwas schafft aber Probleme und Spannungen, die in Krisensituationen gefährlich werden können.

Was für die Türken gilt, gilt in noch höherem Maße für die Asylanten aus afrikanischen, arabischen oder asiatischen Ländern. Diese Gruppen werden, solange sie nicht sehr zahlreich sind, als interessante Fremde empfunden. Inzwischen ist ihre Zahl jedoch so stark gestiegen, daß sie als Belastung angesehen werden. Dabei wissen unsere Bürger meist nicht annähernd, wie groß die Belastung unseres Gemeinwesens durch diese meist mittels Asylschwindels nach Deutschland gelangten Personen in Wirklichkeit ist (5–6 Milliarden DM jährlich).

Hinzu kommt, daß diese Asylschwindler nicht weniger werden, sondern von Jahr zu Jahr zunehmen. Jeder, dem es gelingt, mittels Asylschwindels längere Zeit in Deutschland zu bleiben, zieht erfahrungsgemäß ein halbes Dutzend weitere Schwindler aus seiner Heimat nach. In Wirklichkeit dient das Asylrecht fast nur noch zur illegalen Einwanderung.

Viele Asylschwindler versuchen auch ihre Verfahren durch Prozeßverschleppung möglichst lange hinauszuschieben, um so einen sehr langen Aufenthalt in der Bundesrepublik zu erreichen.

Angesichts dieser Situation ist es unverständlich, daß offenbar Teile der CDU dieses Verhalten der Asylschwindler mit einem Daueraufenthalt in der Bundesrepublik honorieren wollen. So hat Niedersachsens Ministerpräsident Ernst Albrecht Ende Mai 1989 bei der Eröffnung des 9. Deutschen Verwaltungsrichtertages in Braunschweig angekündigt, daß zulange auf eine Entscheidung wartende Asylbewerber nicht mehr in ihre Heimat zurückgeschickt werden sollen. Diese dem Gleichbehandlungsgrundsatz und damit jeder Rechtsstaatlichkeit widersprechende Handhabung wird damit begründet, daß die lange Dauer der Asylverfahren unmenschlich sei.

Wenn führende CDU-Politiker solche Überlegungen anstellen, braucht man sich nicht zu wundern, daß man auf seiten der SPD und der Grünen gleich ein paar Schritte weitergeht. So hat im Juli 1989 der Rot-Grüne Senat in Berlin angeordnet, daß Asylschwindler, deren Asylanträge rechtskräftig abgelehnt wurden, ein Aufenthaltsrecht in Berlin erhalten sollen, wenn sie sich bereits mindestens fünf Jahre in der Stadt aufgehalten haben.

Auch Kriminelle (insbesondere Rauschgifthändler und sonstige Gewalttäter) sind von dieser Regelung nicht ausgenommen. Bei der langen Dauer der Asylverfahren ist es kein Problem, bei uns einen Aufenthalt von mindestens 5 Jahren zu erreichen. Falls es im Einzelfall einmal mit den Entscheidungen etwas schneller gehen sollte, läßt sich mit Hilfe cleverer Anwälte und entsprechender Folgeanträge der Aufenthalt problemlos über die 5-Jahres-Grenze hinausschieben. Das ganze Asylverfahren wird damit zur Farce und Deutschland zum freien Einwanderungsland erklärt.

Hierbei ist noch zu berücksichtigen, daß diese in Berlin mit einer Aufenthaltserlaubnis belohnten Asylschwindler damit jederzeit ins übrige Bundesgebiet reisen, dort Straftaten begehen und Sozialhilfe bzw. eine Wohnung auf Kosten des deutschen Steuerzahlers fordern können.

Man kann sich ausrechnen, was passieren wird, wenn eine rotgrüne Koalition in Bonn die Macht übernähme. Dann ist die deutsche Bevölkerung wehrlos uferlosen Einwanderungsströmen und den Kriminellen aus allen Ländern ausgeliefert.

In einer normal funktionierenden Demokratie müßte man erwarten, daß konservative Parteien wie die Union sich anläßlich dieser Entwicklung zu einer klaren Linie in der Asylpolitik durchringen, womit sie breiteste Wählerschichten und auch bisherige SPD-Wähler ansprechen könnten.

Dies geschieht jedoch, wie das vorstehende Beispiel von Ministerpräsident Albrecht zeigt, nicht. Vielmehr ist die Union in dieser Frage gespalten.

Muß man sich anläßlich dieser Situation wundern, wenn die Republikaner zunehmend an Boden gewinnen?

Die Asyllobby, die die mächtigste Lobby in »diesem unserem Lande« geworden ist, setzt sich aus Vertretern von Kirchen, Arbeitgebern, Teilen der CDU und der FDP auf der einen Seite und aus Gewerkschaftern, der SPD und den Grünen auf der anderen Seite zusammen. Ist es da nicht verständlich, daß die Interessen der deutschen Wähler von dieser übermächtigen Lobby gnadenlos mißachtet werden?

Diese Lobby hat es immerhin fertiggebracht, die Asylproblematik jahrelang vor der deutschen Bevölkerung zu verschleiern. Sie bemüht sich auch heute noch nach Kräften, die Wahrheit nicht ans Licht kommen zu lassen und schreckt dabei vor den einfältigsten Argumenten nicht zurück. Man versucht sogar die Unions-Parteien mit mehr oder weniger Erfolg daran zu hindern, das Asylthema aufzugreifen, da dies angeblich den rechts von der Union stehenden Parteien die Wähler zutreiben würde. Ein solches Ergebnis könnte allerdings dann eintreten, wenn die Union in der Asylfrage keine gemeinsame Linie gegen den Asylschwindel findet und wenn solche Pannen, wie die mit dem Ministerpräsidenten Albrecht passieren.

Glauben denn die »Asylfreunde« innerhalb der Union ernsthaft, daß es die Bevölkerung bei Wahlen honoriert, wenn sie aus purem Opportunismus gegenüber der Asyllobby und gewissen Medien die Interessen der Bevölkerung verleugnen? Solche Politiker sind allerdings meist unbelehrbar, besonders wenn sie durch angeblich objektive Wahlanalytiker an der Nase herumgeführt und in ihrer falschen Auffassung bestärkt werden.

Franz Josef Strauß hat intuitiv diese Entwicklung, die nahezu ausschließlich die CDU betrifft, kommen sehen und deshalb mit den Kreuther Beschlüssen eine Ausdehnung beider Unions-Parteien (also der CDU und der CSU) auf Bundesebene angestrebt. Wäre dies geschehen, wäre die FDP inzwischen überall unter die 5-Prozent-Klausel gerutscht und das Entstehen größerer Parteien rechts von der Union wäre verhindert worden. Jetzt dürften die Republikaner die der CSU auf Bundesebene zugedachte Rolle übernehmen. Der CDU kann man nur dringend raten, in der Asylfrage, der Linie der CSU zu folgen, wenn sie nicht nach und nach immer mehr Wähler verlieren will. Das Verhalten der Asylfreunde in der CDU ist auch rücksichtslos gegenüber der CSU, die dadurch in den Augen der Wähler, die nicht genügend differenzieren können, ebenfalls in Mißkredit gerät und damit in Bayern aufgrund der starken konservativen Wählerschichten noch mehr Wählerstimmen verliert, als die eigentlich verantwortliche CDU.

In der SPD gibt es zwar in der Asylfrage auch sehr unterschiedliche Meinungen. Die großen »Schreier« fordern jedoch lautstark die Beibehaltung des bisherigen Asylrechts und ersticken jede innerparteiliche Opposition. Bei der SPD wird sich die Vernunft in der Asylfrage voraussichtlich erst dann durchsetzen können, wenn ihr die Wähler in Scharen davonlaufen.

Über die FDP zu reden, erübrigt sich hier, da ihre Tage durch die zunehmenden Erfolge der Republikaner gezählt sein dürften. Wahrscheinlich werden dieser durch und durch opportunistischen Partei nur sehr wenige eine Träne nachweinen.

Jedenfalls wird aus dieser Analyse sichtbar, daß das Asylthema in zukünftigen Wahlen eine entscheidende Rolle spielen dürfte. Diese Bedeutung erhält es zu Recht, da die mit dem Asylrecht verknüpfte Einwanderungsfrage für Deutschland eine Überlebensfrage geworden ist.

Heute darf sich niemand mehr der Illusion hingeben, daß unser Asylrecht im wesentlichen dazu dient, politisch Verfolgten Schutz zu gewähren.

Wer sich politisch engagiert, geht bei einer Verfolgung entweder in den Untergrund oder aber in ein Nachbarland, um von dort aus den Kampf für den Sieg seiner Partei weiterzutreiben.

Wenn daher etwa Tamilen von Sri Lanka (Ceylon) um den halben Erdball nach Deutschland reisen, statt in das ca. 30 km entfernte Indien, aus dem ihre Vorfahren stammen, zu »flüchten«, spricht bereits die Logik dagegen, daß es sich bei diesen Asylschwindlern um politisch Verfolgte handelt.

Die Wahrheit ist, daß diese Menschen aus wirtschaftlichen Gründen nach Deutschland reisen, da selbst unsere Sozialhilfesätze für sie ein fürstliches Einkommen darstellen. Wenn sie außerdem noch mit Schwarzarbeit etwas dazuverdienen können, haben sie – bei durchschnittlichen Monatseinkünften von unter 100,– DM in ihrer Heimat – in Deutschland das große Los gezogen. Es ist verständlich, daß ihre Berichte nach Hause eine Fülle weitere »politisch Verfolgter« anlocken und damit den bekannten Lawineneffekt erzielen. Wenn dann erst einmal Zehntausende aus einem bestimmten Land nach Deutschland eingeströmt sind, beginnt man sich in Bonn sehr langsam Gedanken darüber zu machen, ob man nicht doch etwas gegen die Flut unternehmen sollte und einigt sich nach langem Hin und Her regelmäßig auf die Einführung eines Visumzwanges für das betreffende Land.

Organisationen wie amnesty international, denen es offenbar völlig gleichgültig ist, wenn Deutschland durch eine Masseneinwanderung selbst zum Hungerland würde, sind natürlich gegen solche Einschränkungen. Daher hat die vorstehende Organisation ein Rechtsgutachten von einem Professor erstellen lassen, in dem ausgeführt wird, daß ein Asylbewerber bereits in seiner Heimat bei der jeweiligen deutschen Botschaft ein Visum »zwecks Asylantragstellung in der Bundesrepublik« verlangen könne. Dieser Anspruch sei auch ein Ausfluß des deutschen Asylgrundrechts.

Es wird wohl nicht mehr allzu lange dauern, bis eine unserer angeblich humanitären Organisationen auf die Idee kommt, daß die Deutschen den einwanderungswilligen Ausländern auch noch die Reisekosten zur Verfügung stellen müssen, sobald sie sich in ihrer Heimat auf das deutsche Asylrecht berufen.

Andererseits wird am Visumzwang auch deutlich, in welchem Maß bei uns die ideologische Verblendung hinsichtlich des Asylrechts bereits fortgeschritten ist. Dies erweist sich daran, daß viele unserer Politiker ständig die Unantastbarkeit unseres »heiligen« Asylrechts beschwören, zugleich aber nichts gegen den Visumzwang für die Länder, die die meisten Asylbewerber »liefern«, einzuwenden haben. Dieses Verhalten ist nicht etwa schizophren – nein, es ist reinste Heuchelei! Man versucht eine heilige Kuh (so bezeichnete der ehemalige der SPD angehörende Präsident des Bundesverfassungsgerichts Zeidler das Asylgrundrecht), mit allen Mitteln am Leben zu erhalten. Hierzu dient u. a. auch der Visumzwang für bestimmte Länder, da man genau weiß, daß bei Aufhebung des Visumzwangs eine derartige Masse von Asylschwindlern in die Bundesrepublik einreisen würde, daß unsere Bevölkerung »auf die Barrikaden ginge«. Dies würde die Wahlchancen der »Asylfreunde« unter den Politikern und Parteien gewaltig reduzieren. Hierin liegt der eigentliche Grund dafür, daß die »Asylfreunde« den Visumzwang akzeptieren, obwohl mit ihm verhindert wird, daß Ausländer in die Bundesrepublik einreisen und hier einen Asylantrag stellen können.

Ein solches Taktieren ist jedoch nicht nur heuchlerisch, sondern auch eine Beleidigung für den deutschen Wähler, der damit über die Gefährlichkeit des Asylrechts getäuscht werden soll.

Ohne den Visumzwang würden sich vermutlich die Asylbewerberzahlen in Deutschland mindestens verzehnfachen also auf über 1 Million im Jahr anschwellen. Das wissen unsere »Asylfreunde« und sie wissen, daß sie dies der Bevölkerung nicht mehr aufnötigen könnten.

Deshalb probiert man aus, wieviel Asylbewerber man uns aufzwingen kann, ohne eine große Protestwelle zu riskieren. Derzeit scheint die problematische Schwelle bei ca. 100 000 Einwanderer pro Jahr zu liegen.

Eine solche Taktik ist jedoch unredlich und eine Mißachtung des Volkswillens. Wie lange können wir uns ein derartiges Verhalten und seine für unseren Staat und unsere Demokratie verhängnisvollen Auswirkungen noch leisten?

Terroristen können in einem Staat erhebliche Schäden anrichten. Sie können ihn aber meist nicht ruinieren. Wenn die Feinde unseres Staates aber auf die Idee kommen sollten, in ein humanitäres Mäntelchen zu schlüpfen bzw. wenn sie dies bereits im Rahmen des von der ehemaligen Apo propagierten Marsches durch die Institutionen geschafft haben sollten, wird es ihnen ein leichtes sein, unseren Staat mit dem Asylrecht aus den Angeln zu heben.

Sie müssen nur immer extremere humanitäre Forderungen erheben und für immer größere Einwanderungsströme sorgen, bis unser Staat unter den sozialen und wirtschaftlichen Belastungen unvermeidbar zusammenbricht. Einfältige bzw. egoistische Helfer finden sie dabei in nahezu allen gesellschaftlich relevanten Gruppen. Die Neigung der Deutschen, auch die edelste Idee und das höchste Ideal durch exzessive Übertreibung in das jeweilige Gegenteil zu verkehren, wird ihnen hierbei hilfreich zur Seite stehen. Wer in Deutschland an die Vernunft appelliert und zu maßvollem Verhalten auffordert, hat leider kaum Chancen, sich gegen die Ideologen durchzusetzen. Wie bereits beschrieben, muß bei uns einfach alles bis zum Wahnsinn getrieben werden, um dann nach dem unvermeidbaren Zusammenbruch erneut mit dem gleichen wahnsinnigen Fanatismus genau ins Gegenteil verkehrt zu werden. Gestern war man fanatischer Nationalist und heute ist man ein ebenso verbohrter Internationaler.

Die Welt ist für derartige Exzesse inzwischen einfach zu klein geworden. Außerdem sollten unsere Asylfanatiker begreifen, daß sie mit ihrer Politik nicht nur das deutsche Volk ruinieren, sondern auch unsere europäischen Nachbarvölker. In einem vereinten Europa mit Freizügigkeit darf ein Land nicht eine hemmungslose Einwanderungspolitik betreiben, da die Einwanderer in die Nachbarländer hinüberströmen und diese ebenfalls ruinieren würden.

Eine verfehlte deutsche Politik war maßgeblich für zwei europäische Katastrophen in diesem Jahrhundert mitverantwortlich. Wollen die deutschen Asylfanatiker unsere europäischen Nachbarn zum dritten Mal in diesem Jahrhundert in den Abgrund stoßen? Wenn sie schon auf die deutsche Bevölkerung keine Rücksicht nehmen wollen, so sollten sie doch wenigstens das Lebensrecht unserer Nachbarvölker respektieren.

Doch wer kann schon mit Appellen an die Vernunft einen deutschen Fanatiker zurückhalten? Eine (nicht veröffentlichte) Leserzuschrift an eine Zeitung, die meine Argumente gegen den Asylmißbrauch ausführlich vorgetragen hatte, demonstriert anschaulich diese verhängnisvolle deutsche Mentalität. Der Leser erklärte, daß die Humanität über alles gehe und daß das deutsche Volk auch eine Verarmung hinnehmen müsse, um den Armutsflüchtlingen aus aller Welt zu helfen. Dabei hatte ich in meinem Artikel ausgeführt, daß es jedem einzelnen freistehe, in vermeintlicher christlicher Nächstenliebe sein gesamtes entbehrliches Einkommen für die Armen dieser Erde zu opfern. Es sei jedoch unchristlich, derartige (Märtyrer-)Forderungen an die Mitmenschen zu stellen, die man nicht gegen ihren Willen um die Früchte ihrer Arbeit und ihrer Mühe um menschenwürdige Lebensverhältnisse bringen dürfe. Auch die deutsche Bevölkerung habe das Recht auf einen Selbsterhaltungstrieb.

Wie kann ein Leser angesichts dieser Ausführungen den zweifelhaften Mut aufbringen, die (zwangsweise) Verarmung der deutschen Bevölkerung zu fordern?

Wo bleibt sein Mitleid und seine Humanität gegenüber seinem eigenen Volk? Immerhin muß man diesem Leser hoch anrechnen, daß er das auszusprechen wagt, was andere Humanitätsapostel vorsätzlich verschweigen, nämlich daß die Beibehaltung unseres Asylrechts zur Verarmung des deutschen Volkes führen muß. Deutschland würde nicht nur verarmen, sondern könnte sogar sehr schnell selbst zum Hungerland werden.

Die Leserzuschrift macht deutlich, daß in Deutschland inzwischen offenbar ein Humanitätsfanatismus um sich gegriffen hat, der vor nichts mehr zurückschreckt. Wird es unseren Asylfanatikern im Verein mit einer massiven Medienpropaganda gelingen, das Volk zum Selbstmord zu verführen? Wenn diese Leute den wahren Volkswillen auch mit ihren

Machtmitteln zu unterdrücken versuchen – zu einfältigen Hurra-Schreiern werden sie uns diesmal nicht degradieren können. Zu offensichtlich ist die Realitätsferne der demagogisch agierenden Asylfreunde. Sie mögen naive Anhänger finden und fanatisieren – die große Mehrheit des Volkes wird ihnen jedoch nicht folgen.

Die Propaganda der Asylfanatiker scheut sich auch nicht einmal mehr, religiöse Gefühle zu mißbrauchen. So hieß es in einem Werbespruch: »Auch Jesus war ein Asylant«. Hierbei wollte man auf die »Flucht nach Ägypten« anspielen. Damit soll den Leuten offenbar vorgegaukelt werden, unsere modernen Asylschwindler würden aus unmittelbarer Lebensgefahr zu uns fliehen.

Schon die Logik spricht in den meisten Fällen für das Gegenteil. Wem wirklich eine tödliche politische Verfolgung droht, der entkommt entweder gar nicht aus seiner Heimat oder flieht zumindest in ein unmittelbares Nachbarland. Er würde sich nie dem Risiko aussetzen, unter den Augen der Polizei mit dem Flugzeug seine Heimat zu verlassen, wie es sehr viele Asylschwindler tun. Die letzteren behaupten, sie hätten die Flugplatzkontrollen mittels Bestechung überwunden. Welcher Verfolgte, der mit dem Tod rechnen muß, geht jedoch das hohe Risiko einer Bestechung ein – sind die Beamten unbestechlich, würde er sofort festgenommen – wenn er wesentlich sicherer seine Heimat auf dem Landweg über die »grüne Grenze« verlassen könnte?

Diese Logik kümmert unsere Humanitätsapostel jedoch nicht im geringsten. Wenn ein Asylbewerber behauptet, er sei verfolgt, dann glauben sie ihm, auch wenn seine Erzählung noch so absurd ist.

Viele Asylschwindler wurden vor Gericht wegen ihrer widersprüchlichen Aussagen überführt. Andere konnten trotz große Aktivitäten für eine Partei nicht einmal die Führer dieser Partei beim Namen nennen.

Da die Asylbewerber nach unserer Rechtsprechung die Verfolgung in ihrer Heimat nicht beweisen, sondern nur glaubhaft machen müssen, lädt dies zum Schwindel geradezu ein. Die Glaubhaftmachung führt im Ergebnis meist zu einer Umkehr der Beweislast. Der Asylbewerber muß nur eine »Verfolgungsstory« vortragen. Diese gilt als glaubhaft, solange es dem Staat nicht gelingt, dem Asylschwindler zu beweisen, daß er lügt.

Man kann sich vorstellen, daß es in vielen Fällen nicht leicht ist, die Asylschwindler der Lüge zu überführen. Wenn dies nicht gelingt, werden sie anerkannt, auch wenn sie in ihrer Heimat nicht verfolgt wurden.

Hierbei ist noch zu berücksichtigen, daß auch Richter nur Menschen sind, die nicht immer den geschickt vorgebrachten Appellen an das Mitleid widerstehen können. Außerdem besteht auch die Gefahr, daß ihre persönliche politische Meinung − beeinflußt durch den Druck einer veröffentlichten Meinung − bei den Entscheidungen über das ideologiebelastete Asylthema zu großes Gewicht erhält.

So entschied ein Verwaltungsgericht, daß ein syrischer Asylbewerber glaubwürdig sei, obwohl er die Richter mit der Vorlage nachweislich gefälschter Urkunden zu betrügen versucht hatte. Das Gericht begründete die Anerkennung des Klägers als Asylberechtigten damit, daß der Urkundenfälscher einen »ehrlichen Eindruck« hinterlassen habe.

Wenn man erfährt, daß er ein orientalischer Kaufmann war, wird es verständlich, daß es ihm relativ leicht gelang, die gutgläubigen Richter einer deutschen Provinzstadt von seiner Glaubwürdigkeit zu überzeugen. Unverständlich ist jedoch, daß das Gericht auch die Gutachten des Auswärtigen Amtes und des Deutschen Orient-Institutes ignorierte, die eine Verfolgung des Klägers in seiner Heimat verneinten. Das Gericht leitete die Glaubwürdigkeit des Syrers auch aus der Tatsache ab, daß er seine neunköpfige Familie mit nach Deutschland gebracht hatte, da dies von »besonderer Empfindsamkeit und Verantwortungsbewußtsein« zeuge.

Dabei wäre doch viel eher der Schluß naheliegend gewesen, daß er, um seiner Familie ein Leben im Wohlstand zu sichern, vor falschen Aussagen nicht zurückschrecken würde. Zumindest könnte er so die Unwahrheit vor seinem Gewissen relativ leicht rechtfertigen.

Außerdem bringen viele Asylbewerber, die es sich finanziell leisten können, ihre gesamte Familie mit oder versuchen sie nachzuziehen.

Dem Gericht hätte auch bekannt sein müssen, daß eine so große Asylantenfamilie bei uns wesentlich mehr Sozialhilfeleistungen erhält, als ein deutscher Durchschnittsarbeitnehmer verdient. Es ist also ein Vorteil mit einer großen Familie Asyl zu erhalten, da es den »empfindsamen und verantwortungsbewußten« Familienvater von der Mühe entbinden kann, hier eine Arbeit aufzunehmen.

Wie dieser Fall zeigt, ist der Spielraum der Richter bei der Würdigung der Glaubwürdigkeit der Asylbewerber so hoch, daß man von einer Rechtssicherheit auf diesem Gebiet nicht mehr sprechen kann.

Die Richter überprüfen den Vortrag eines Klägers auf seine Glaubwürdigkeit unter Berücksichtigung der zur Verfügung stehenden sonstigen Informationsquellen des Gerichts über die Verhältnisse in der Heimat des Asylbewerbers.

Hierbei stehen den Richtern eine Fülle sich oft widersprechender und teils fragwürdiger Gutachten verschiedenster Institutionen zur Verfügung. Mangelhafte Information kann dazu führen, daß sich Richter zu Spekulationen verleiten lassen, und einander widersprechende Gutachten eröffnen die Möglichkeit, im Rahmen der »freien richterlichen Beweiswürdigung« allein durch gezielte Auswahl der Informationsmittel über Anerkennung oder Ablehnung eines Asylbewerbers zu entscheiden. Dies führt in vielen Fällen zu einem unter dem

Gleichbehandlungsgesichtspunkt nicht mehr akzeptablen Entscheidungsspielraum, der in der Praxis in gleichgelagerten Fällen auch oft zu unterschiedlichen Entscheidungen führt.

Wer wollte bestreiten, daß bei einem derartigen Entscheidungsspielraum die Weltanschauung der beteiligten Richter eine gewichtige Rolle spielen kann.

Dieser Entscheidungsspielraum sei noch an einem weiteren Fall erläutert.

Ein Verwaltungsgericht hielt einen Syrer für glaubwürdig, der behauptet hatte, der syrische Geheimdienst habe ihn wiederholt verhört und gefoltert, weil an der Wand seines Arbeitszimmers ein mit Fett verschmiertes Plakat, auf dem der syrische Staatspräsident abgebildet war, entdeckt worden sei. Dieser Mann wurde als Asylberechtigter anerkannt.

Weniger anerkennungsfreudige Richter hätten in diesem Fall die Asylklage wegen Unglaubwürdigkeit des Klägers mit folgenden Argumenten abgewiesen:

Bereits der geringfügige Anlaß mit den Fettflecken sei nicht geeignet, einen solchen Aufwand des Geheimdienstes zu rechtfertigen. Außerdem sei der Arbeitsraum des Klägers vielen Menschen zugänglich gewesen, die ebenfalls als Verursacher der Fettflecken in Betracht gekommen wären. Obendrein habe der Asylbewerber dem Geheimdienst gegenüber angeblich immer seine Unschuld beteuert und sich auch politisch in keiner Weise betätigt. Warum sollte der Geheimdienst also gerade ihn der Tat verdächtigen? Im übrigen würde ein Regimegegner versuchen, der Gefahr von Repressalien dadurch zu entgehen, daß er seine Protestäußerungen so vornimmt, daß kein Verdacht auf ihn fallen kann. Man könne davon ausgehen, daß auch die Mitglieder des syrischen Geheimdienstes über soviel Denkvermögen verfügen, daß sie diese naheliegenden Argumente berücksichtigt hätten. Der Vortrag des Klägers über seine Verhaftung und Folterung sei daher mit an Sicherheit grenzender Wahrscheinlichkeit frei erfunden.

Wie man sieht, hat das Gericht im Rahmen seiner freien Beweiswürdigung die Möglichkeit, über derartige Fälle auch ganz anders zu entscheiden.

Dies wäre weniger problematisch, wenn die Vertreter des Staates in Asylfällen generell Berufung einlegen könnten. Die Berufung wird jedoch auch bei Asylanerkennungen meist nicht zugelassen. Diese Möglichkeit hat der Gesetzgeber in § 32 Asylverfahrensgesetz eingeführt, weil Asylschwindler durch Ausschöpfung des Instanzenweges ihren Aufenthalt in der Bundesrepublik mißbräuchlich über viele Jahre hin verlängert haben. Der Gesetzgeber hat dabei aber offenbar nicht bedacht, daß damit auch die Berufungsmöglichkeit der Vertreter des Staates grundlos eingeschränkt wird.

Wenn ein Kläger aufgrund falscher Beweiswürdigung als Asylberechtigter anerkannt wird, führt dies zu hohen Folgekosten für den Staat und den Steuerzahler. Da bei Klagen eines Bürgers gegen den Staat vor dem Verwaltungsgericht ab einem Wert des Klagegegenstandes von 500,– DM die Berufungseinlegung möglich ist, erscheint es geradezu absurd, bei Asylanerkennungen mit ihren uferlosen Folgekosten für den Staat die Berufungsmöglichkeit für die Vertreter des Staates auszuschließen. Dies gilt um so mehr, als die staatlichen Vertreter keinerlei Interesse daran haben, durch Berufungseinlegung in aussichtslosen Fällen das Verfahren unnötig zu verzögern.

Auch der Gleichbehandlungsgrundsatz gebietet es, den staatlichen Vertretern die Berufungsmöglichkeit in Asylverfahren generell einzuräumen, da es nicht hingenommen werden kann, daß in gleichgelagerten Fällen Gerichte unterschiedlich entscheiden. Es wäre daher dringend erforderlich, den § 32 Asylverfahrensgesetz dahingehend abzuändern, daß die Vertreter des Staates im Asylverfahren immer die Möglichkeit der Berufungseinlegung haben.

Hierbei ist zu bedenken, daß die Asylschwindler vor nahezu keinem Mittel zurückschrecken, um gutgläubige Richter zu

unberechtigten Asylanerkennungen zu veranlassen. Eine
besonders beliebte Methode ist es, Haftbefehle von den
Behörden des Heimatlandes gegen den Asylbewerber vorzu-
legen, die sich bei der Nachprüfung durch das Auswärtige
Amt regelmäßig als Fälschungen erweisen. Im übrigen werden
Haftbefehle in den betreffenden Ländern nicht an die Betroffenen ausgehändigt. In einigen Ländern Südasiens und Afrikas kann man gegen einen relativ geringen Geldbetrag ganze
Zeitungsseiten nachdrucken lassen, auf denen dann Berichte
über polizeiliche Fahndungen nach dem jeweiligen Asylbewerber stehen, die in der regulär gedruckten Ausgabe nicht
enthalten waren. Diese Zeitungsseiten werden anschließend
unseren Verwaltungsrichtern von den Asylschwindlern als
»Beweis« für ihre Verfolgung vorgelegt. Dies sind besonders
krasse und relativ leicht durchschaubare Fälle. Sie sind jedoch
nur die Spitze eines Eisberges, da in den meisten Fällen
wesentlich geschickter gelogen wird. Oft besteht keine Möglichkeit, dem betreffenden Asylschwindler seine Lüge nachzu-
weisen, da er seine Verfolgung nur glaubhaft machen muß.
Daher ist davon auszugehen, daß eine große Zahl der Asylanerkennungen zu Unrecht erfolgte.

Asyl als Geschäft

Eine fachkundige Beratung begünstigt den Asylschwindel
erheblich, da auch weniger intelligente Asylbewerber relativ
schnell erkennen, worauf es beim Gericht ankommt.
Angesichts dieser Situation erscheint es unfaßbar, daß der
deutsche Caritas-Verband mit Caritas-Rechtsberatern einen
sogenannten Fragebogen für Asylbewerber entwickelt und in
viele Sprachen übersetzt hat, aus dem die gängigen Fragen der
Asylrichter ersichtlich sind. Asylschwindler können sich mit
diesem Fragebogen auf die Gerichtsverhandlung vorbereiten
und eine erfundene Asylgeschichte einstudieren.

Die Arbeit der verschiedenen Wohlfahrtsverbände, die die Betreuung von Asylbewerbern übernommen haben, ist im übrigen keineswegs so uneigennützig, wie sie in der Öffentlichkeit erscheinen mag.

Im Gegenteil – sie kann in manchen Bundesländern sogar zu einem sehr einträglichen Geschäft für die Wohlfahrtsverbände werden. Die von der Informationsabteilung des Amtes des Hohen Flüchtlingskommissars der Vereinten Nationen herausgegebene Zeitschrift »Flüchtlinge« berichtet (Nr. 1/1989, Seite 35), daß das Land Nordrhein-Westfalen pro Person und Monat 30,– DM für die »Betreuung« der Asylbewerber zahlt. Wenn die Wohlfahrtsverbände hier jährlich pauschal 360,– DM für jeden Asylbewerber einnehmen, darf man sich nicht wundern, wenn sie die verstärkte Einreise von Asylbewerbern befürworten. Aber auch andere Bundesländer erstatten den Wohlfahrtsverbänden bis zu 80 Prozent der Betreuungskosten, wobei eine genaue Kontrolle, ob tatsächlich Kosten in der angegebenen Höhe entstanden sind, meist unterbleibt. Welcher Politiker oder Beamte wagt es schon, caritativen Verbänden zu mißtrauen?

Selbst wenn kein Gewinn erwirtschaftet wird, bringt dieses System zumindest für manche hauptamtlichen Mitarbeiter dieser Verbände Vorteile, da durch die neue Aufgabe der Asylantenbetreuung der Personalbestand aufgestockt werden kann und neue Beförderungsstellen geschaffen werden können. Die hauptamtlichen Asylantenbetreuer werden sich daher hüten, objektive Informationen über den Asylmißbrauch an die Öffentlichkeit dringen zu lassen. Wenn daher neue humanitäre Gruppen ins Leben gerufen werden, die sich für die Asylbewerber in der Öffentlichkeit lautstark einsetzen, sollte man immer erst einmal überprüfen, ob nicht jeweils ein oder mehrere Drahtzieher dieser Gruppen hauptamtliche Asylantenbetreuer sind.

Es fällt auf, wie leicht sich Kirchenvertreter vor den Karren der Asyllobby spannen lassen. Dies läßt sich nur noch durch eine völlig einseitige Beeinflussung erklären. Hier muß einmal die Frage gestellt werden, wo sich die Kirchenvertreter ihre Informationen über die Asylpraxis verschaffen. Wenn dies auf dem Weg über die für kirchliche Wohlfahrtsverbände tätigen Asylanwälte geschieht oder über die Wohlfahrtsverbände selbst, wird das Engagement mancher Kirchenleute für das Asylunwesen verständlich.

Den Anwälten darf man aus einer völlig einseitigen Information keinen Vorwurf machen – schließlich ist es ihre Aufgabe, die Interessen der Asylbewerber, auch wenn sie Schwindler sind, zu vertreten, genauso, wie ein Strafverteidiger die Interessen eines wegen krimineller Delikte Angeklagten vertreten muß. Außerdem ist zu bedenken, daß Anwälte mit dem Asylrecht sehr gut verdienen können, da hohe Streitwerte (und häufig auch noch drei Gebühren in einem Verfahren) Einnahmen von einigen tausend Mark in Fällen erzielen lassen, in denen eine ganze Familie eine Asylklage erhebt. Die Arbeit beruht dann häufig in einem kurzen Schriftsatz und der Teilnahme an der mündlichen Verhandlung, die selten länger als eine Stunde dauert. Wenn man bedenkt, welche Arbeit Rechtsanwälte oft in Fälle mit relativ geringem Streitwert investieren müssen und welche vergleichbar niedrigen Einnahmen sie damit erzielen können, muß man das Asylgeschäft als ein für Anwälte sehr einträgliches bezeichnen. Man kann daher von Rechtsanwälten, die häufig Asylfälle bearbeiten, wirklich nicht verlangen, daß sie an die Öffentlichkeit treten und schonungslos den skandalösen Mißbrauch, der mit dem Asylrecht betrieben wird, aufdecken.

Druck der Asyllobby auf Staat und Gesellschaft

Vorwürfe sind jedoch gegenüber jenen angebracht, die sich kritiklos ihre Informationen über das Asylrecht von Asylanwälten oder den hauptamtlichen Asylantenbetreuern aus den

Wohlfahrtsverbänden holen. Sie müßten sich über die Interessenslage derjenigen, die letztlich auch vom Asylrecht leben, im klaren sein und sich ihre Informationen daher aus objektiveren Quellen beschaffen.

Oder will man in bestimmten Kreisen einfach nicht objektiv sein, da es bei den meisten Massenmedien sehr gut ankommt, wenn man sich für die Asylschwindler und gegen die Interessen der deutschen Bevölkerung engagiert? Mit Einfalt allein läßt sich eine derartige Gutgläubigkeit gegenüber dem Asylschwindel jedenfalls heute nicht mehr erklären.

Es ist nur zu hoffen, daß sich diese Kreise noch rechtzeitig auf ihre Verantwortung gegenüber der deutschen Bevölkerung besinnen. Sie sollten hierbei auch bedenken, daß unsere freiheitlich demokratische Grundordnung ein Einströmen vieler Millionen Wirtschaftsflüchtlinge nicht überstehen würde. Wollen sie einem Chaos mit anschließender Errichtung einer Diktatur in Deutschland mit ihrer Kurzsichtigkeit den Boden bereiten? Soll solch ein Verhalten etwa noch mit der christlichen Nächstenliebe gerechtfertigt werden? Wo um alles in der Welt bleibt aber dann die Nächstenliebe gegenüber der wehrlosen deutschen Bevölkerung, die man in den Ruin treibt?

Der evangelische bayerische Landesbischof Johannes Hanselmann forderte im April 1989, christliche Asylbewerber aus der Türkei in die Bundesrepublik aufzunehmen. Dies müsse besonders für die syrisch-orthodoxen Christen aus dem türkischen Tur Abdin gelten. Der Bischof drohte einen offenen und öffentlichen Konflikt mit der evangelischen und katholischen Kirche an, falls der Staat diese Forderung nicht erfüllen würde.

Dieser Bischof will dem Staat vorschreiben, welche Personen er einwandern zu lassen habe. Welche Art von Demokratieverständnis zeigt sich hier? Regiert bei uns noch das Volk oder sind es einige Kirchenvertreter?

Man muß diese Forderung vor allem im Lichte der Asylrechtsprechung sehen, die eine Verfolgung dieser Christen zumindest insoweit verneint, als diese in Istanbul keinerlei Gefährdungen oder Verfolgungen ausgesetzt sind. Diese Rechtsprechung stützt sich auf eine Fülle von Gutachten. Der Bischof ignoriert jedoch diese Asylrechtsprechung und behauptet, daß er es besser wisse und daß die Christen auch dort verfolgt würden.

Nach unserem Asylrecht reicht es aus – und dies sollte an sich für jeden vernünftig denkenden Menschen selbstverständlich sein – wenn jemand, der in einem Teil seines Heimatlandes Verfolgung befürchten muß, in einem anderen Gebiet seines Staates sicher vor Verfolgung leben kann. In diesem Fall ist es ihm zumutbar, in die Region seiner Heimat umzuziehen, in der er ungefährdet existieren kann. Im weltoffenen und europäisch ausgerichteten Istanbul sind auch syrisch-orthodoxe Christen – genauso wie die dort lebenden griechisch-orthodoxen Christen – keinen Verfolgungen ausgesetzt.

Es können allenfalls aufgrund der relativ hohen Arbeitslosigkeit in Istanbul gewisse wirtschaftliche und soziale Probleme auftreten. Der Bischof sollte daher, anstatt dem Staat Konflikte anzudrohen, lieber für eine finanzielle Unterstützung der nach Istanbul umziehenden Christen sorgen. Dies wäre mit relativ geringem Aufwand möglich. Der staatlich vorgeschriebene Mindestlohn in der Türkei beträgt, wie bereits erwähnt, ca. 120,– DM monatlich. Da damit Familien leben müssen, kann man wohl davon ausgehen, daß ein monatlicher Betrag von ca. 60,– DM in der Türkei das Existenzminimum eines Menschen sichert.

In dem vom Bischof angesprochenen Tur Abdin (ein christliches Gebiet nahe der türkisch-syrischen Grenze) leben noch etwa 6000 Christen.

Wenn diese nach Istanbul übersiedeln würden, müßte man – bei einer monatlichen Unterstützungszahlung von ca. 60,– DM pro Kopf – mit einem Gesamtbetrag von ca. 360 000 DM pro Monat sämtliche Betroffenen ausreichend versorgen können. Mit großzügig gerechnet 5 Millionen Mark jährlich könnte man also den Lebensunterhalt sämtlicher im Tur Abdin verbliebenen Christen in Istanbul sichern. Es müßte für die Kirchen ein leichtes sein, aus Mitteln der Kirchensteuer oder aus Spendenaufkommen diese Summe aufzubringen und über kirchliche Organisationen in Istanbul an die Betroffenen verteilen zu lassen. Der Kirche stünde es auch besser an, erst einmal selbst Initiativen im Rahmen ihrer Möglichkeiten zu ergreifen und relativ bescheidene finanzielle Opfer zu bringen, bevor sie mit ihren maßlosen Forderungen an den Staat herantritt und diesem den offenen Konflikt androht.

Die Versorgung der 6000 Christen mit Sozialhilfeleistungen in der Bundesrepublik Deutschland würde das 10 bis 20fache des Betrages kosten, der in Istanbul für sie aufgewendet werden müßte (also ein Betrag von 50—100 Millionen DM jährlich). Mit der Aufnahme der Christen aus der Türkei würde nur ein Präzedenzfall geschaffen, auf den sich später Millionen anderer Christen, die in islamischen Ländern als Minderheit leben, berufen könnten. Das gleiche gilt für andere Minderheiten, die dann ebenfalls eine Einwanderung nach Deutschland fordern könnten.

Im Dritten Reich wurde der Deutsche zwar von der Propaganda zum Übermenschen hochstilisiert, was die Machthaber jedoch nicht im geringsten hinderte, diese »Übermenschen« in Stalingrad und anderswo rücksichtslos zu verheizen. Heute halten es bestimmte mächtige Interessensvertreter offenbar nicht einmal mehr für nötig, die ihnen hilflos ausgelieferten kleinen Leute wenigstens propagandistisch zu trösten, wenn sie ihnen ihre Lebensgrundlage durch eine Masseneinwanderung entziehen.

Wenn der kleine Mann aufbegehrt, wird er sofort mit dem moralischen Knüppel bearbeitet, da er — offenbar in alle Ewigkeit und bis zur Existenzvernichtung — Buße für die Verbrechen des Dritten Reiches tun muß.

Wie soll man in Deutschland, wo logische politische Argumente durch den moralischen Knüppel ersetzt werden, eine vernünftige Politik durchsetzen?

Je gründlicher man die geistig-seelischen Grundströmungen der Asylfanatiker studiert und analysiert, um so mehr gewinnt man den Eindruck, daß die Exzesse des Dritten Reiches keinen zufälligen historischen Unglücksfall darstellen, sondern auf einem geistig-seelischen Defekt gewisser Führungsschichten in Deutschland beruhen. Eine Ursache ist die Neigung zum Exzeß, die vielen offenbar angeboren ist. Dazu kommt oft noch ein geradezu widerwärtiger Untertanengeist, der bei bestimmten Intellektuellen nicht selten aus Feigheit in eine hündische Unterwürfigkeit ausartet.

Dies liegt sicher nicht nur am Erziehungs- und Schulsystem. Es ist vielmehr der bequemste Weg, den nicht nur Schwächlinge und Opportunisten bevorzugen, sondern den hierzulande auch eine gewisse Führungsschicht mit Vorliebe beschreitet. Wer sich nicht dem gerade herrschenden Zeitgeist unterwirft, wird gnadenlos und ohne einen Funken von Toleranz niedergemacht. Ideologien werden nicht als interessante und diskussionswürdige Denkmodelle betrachtet, sondern mit gläubiger Inbrunst angebetet und jeder, der sie in Frage stellt, wird als Verräter und Ketzer angesehen.

Selbst so edle Ideale, wie Toleranz und Freiheit werden durch Ideologisierung ad absurdum geführt. Wie anders sind Schlachtrufe wie: »Keine Freiheit für die Feinde der Freiheit« zu erklären. Merkt man nicht, daß man damit intolerant und selbst zum Feind der Freiheit wird und daß man mit solchen Sprüchen jede Diktatur ermöglichen kann? Der mächtigste Diktator ist der, der darüber befinden darf, welche Oppositionellen zu Feinden der Freiheit gestempelt werden.

Selbstverständlich muß sich eine Demokratie gegen ihre Feinde, die sie beseitigen wollen, zur Wehr setzen. Gemäß Art. 21 Abs. 2 des Grundgesetzes kann daher das Bundesverfassungsgericht über die Frage der Verfassungswidrigkeit einer Partei entscheiden.

Das spezielle deutsche Problem ist jedoch, daß der Vorwurf der Verfassungswidrigkeit gegen bestimmte politische Gegner zunehmend zum Mittel der politischen Auseinandersetzung wird. Statt mit sachlichen Argumenten zu arbeiten und gegebenenfalls die Verfassungswidrigkeit bestimmter Parteien nachprüfen zu lassen, gibt man mit dem Stichwort »Verfassungswidrigkeit« Chaoten und Randalierern einen Freibrief für gewalttätige Attacken gegen den politischen Gegner. Dies führt in der Praxis regelmäßig dazu, daß nicht der politische Gegner mit Steinen und Knüppeln bearbeitet wird, sondern die Polizei, die den Auftrag hat, die Versammlungsfreiheit zu schützen und die sich daher vor die Angegriffenen stellen muß. Diese Verwilderung der politischen Sitten ist in dieser extremen Form nur in Deutschland zu beobachten. Wen wundert es daher, daß besonders Länder mit historisch gewachsenen Demokratien ernsthafte Zweifel an der demokratischen Denkweise vieler Deuschen bekommen müssen. Diese Zweifel sind nur zu berechtigt!

Wenn politische Probleme, wie das Asylrecht, die emotionslos diskutiert werden sollten, bei uns zu reinen Weltanschauungsfragen hochstilisiert werden, kann sich die Vernunft in diesem Lande nie durchsetzen.

Diese Ideologisierung ist die Basis für die aus engstirniger Schrebergartenmentalität geborene neue deutsche Wahnidee, daß wir zum Sozialamt der ganzen Welt werden müßten.

Lösungsvorschläge

Trotz dieses neuen ideologischen Wahnsinns soll hier der Versuch gemacht werden, zur Asyl- und Einwanderungspolitik einen Weg der Vernunft aufzuzeigen.

Das Asylrecht sollte nicht dazu dienen, einem politisch Verfolgten das Privileg einzuräumen, sich das Zufluchtsland mit dem höchsten Lebensstandard auszusuchen. Die Tatsache

seiner Verfolgung würde ihn sonst gegenüber seinen Lands-
leuten, die keinerlei Chancen haben, in ein Land mit guter
Wirtschafts- und Sozialstruktur auszuwandern, in völlig unge-
rechtfertigter Weise begünstigen. Politische Verfolgung, die
zum Privileg wird, ist eine Absurdität, die nur den Hirnen
deutscher Intellektueller entspringen bzw. vor diesen Gnade
finden kann. Vor allem sollte man die naheliegenden Folgen
in Entwicklungsländern mit Hungerkatastrophen aufgrund
der Bevölkerungsexplosion bedenken. Dort müßte jeder, der
in den Genuß des Einwanderungsprivilegs in ein reiches Land
seiner Wahl kommen will, die Regierung nur so lange angrei-
fen und beleidigen, bis diese zurückschlägt und ihn damit zum
Verfolgten macht. Außerdem könnten sich gewisse Potentaten veranlaßt sehen, bestimmte Minderheiten im Lande, die
sie gerne los würden, massiv zu unterdrücken und zu verfolgen, so daß diese unter dem asylrechtlichen Gesichtspunkt der
Gruppenverfolgung (mit »wohlwollender Unterstützung«
ihrer eigenen Regierung) nach Deutschland gebracht werden
könnten, wo ihnen sogar ein echter Asylanspruch zustünde.
Den Transport müßten dann mittels Schiff oder Flugzeug nur
noch »wohltätige« Organisationen übernehmen – man denke
an das Beispiel der Cap Anamur – und innerhalb kürzester
Zeit wäre Deutschland von Asylanten überschwemmt, die
man in diesem Fall nicht als Asylschwindler, sondern als
wirklich Verfolgte ansehen müßte.
An diesem Beispiel, das sehr schnell erschreckende Realität
werden könnte, zeigt sich bereits die völlige Unhaltbarkeit des
Asylgrundrechts in Zeiten einer in der bisherigen Geschichte
noch nie erlebten Bevölkerungsexplosion. Ein Asylrecht, das
einem Staat die Kontingentierung, also die Beschränkung der
jährlichen Aufnahmezahlen auf eine sozial verträgliche
Grenze untersagt, ist in unserer Zeit selbstmörderisch.
Wenn nicht bald eine Grundgesetzänderung erfolgt, werden
wir dies noch sehr schmerzhaft zu spüren bekommen.
Es entspricht der Vernunft, das Flüchtlings- und Asylproblem

zu regionalisieren. Dies bedeutet, daß ein Asylbewerber zunächst auf die seiner Heimat näher liegenden Nachbarländer verwiesen werden muß.

Dies wäre auch insoweit vernünftiger, als er dort meist ähnliche klimatische, kulturelle, religiöse, soziale und wirtschaftliche Verhältnisse vorfindet und daher leichter zu integrieren wäre. Außerdem könnte er, wenn sich die Verhältnisse in seiner Heimat zu seinen Gunsten ändern, ohne erneute Anpassungsprobleme wieder dorthin zurückkehren, während er durch unser soziales Netz – das viele Asylbewerber als sehr bequeme Hängematte betrachten – verwöhnt, wesentlich größere Schwierigkeiten hätte, in die rauheren wirtschaftlichen Lebensbedingungen seiner Heimat zurückzukehren.

Man tut diesen Menschen ohnehin nichts Gutes, wenn man sie bei uns in die Rolle der sozialen Schmarotzer hineindrängt. Auch mit dem süßen Gift von zuviel Wohlstand kann man jemanden um seine Menschenwürde und seine Selbstachtung bringen.

Bereits juristisch ist es zweifelhaft, ob unser Asylrecht die freie Wahl des Zufluchtlandes ermöglicht. Man könnte auch die Meinung vertreten, daß die Flüchtlinge (vorausgesetzt, sie fliegen nicht direkt mit dem Flugzeug nach Deutschland) in dem Moment, in dem sie ein Nachbarland betreten, das sie nicht ausliefern würde, nicht mehr verfolgt sind. Die realitätsferne Auslegung unserer Gerichte, nach der die »Flucht« auch nach Monaten und nach Durchreise durch ein Dutzend Länder noch nicht abgeschlossen sei, wenn der Flüchtling sich nicht entschließt, in einem dieser Länder zu bleiben, trägt die deutlichen Züge der deutschen Neigung zu einer exzessiven Denkweise.

Zumindest ließe sich dieses Problem vernünftig lösen, wenn man das Asylgrundrecht dahingehend abändert, daß an Stelle eines unbeschränkten individuellen Asylrechts eine »institutionelle Asylrechtsgewährung« tritt, die es dem Gesetzgeber überläßt, unter welchen Voraussetzungen und in welchem

Umfang er Asyl gewährt. Prof. Dr. Kay Hailbronner schlägt hierzu in seinem Buch über die Möglichkeiten und Grenzen einer europäischen Koordinierung des Einreise- und Asylrechts folgende Formulierung im Grundgesetz vor: »Die Bundesrepublik Deutschland gewährt politisch Verfolgten Asyl. Art und Voraussetzung der Asylgewährung werden durch Gesetz oder aufgrund eines Gesetzes geregelt. Der Bund kann sich zwischenstaatlichen Vereinbarungen über ein harmonisiertes europäisches Asylrecht und einer internationalen Zusammenarbeit bei der gemeinsamen Lösung der Flüchtlingsprobleme anschließen.« Damit böte sich dem Gesetzgeber die Möglichkeit, mit einfacher Mehrheit ein vernünftiges Asylrecht zu erlassen.

Mit diesem Gesetz könnte man z. B. festlegen, daß nur der politisch Verfolgte bei uns Asyl erhält, der keine Aufnahme in den seiner Heimat näher liegenden Nachbarländern finden kann. Es wäre in diesem Fall auch möglich, Nachbarländer durch finanzielle Unterstützung (auch von der EG und der UNO) zur Aufnahme der Flüchtlinge zu bewegen.

Durch entsprechende Entwicklungshilfe ließe sich eine derartige Aufnahmebereitschaft fördern. Im übrigen sollte es selbstverständlich sein, auf Regierungen, die demokratische politische Gegner verfolgen, massiven internationalen Druck auszuüben und diese mit Streichung der Entwicklungshilfe, Wirtschaftsboykott usw. zu demokratischem Verhalten zu veranlassen.

Die bayerische Staatsregierung hat bereits eine Fülle von Vorschlägen für ein Asylgesetz gemacht, die jedoch die oben genannte Grundgesetzänderung voraussetzen.

So hat sie vorgeschlagen, den »Verfolgten«, die die Absicht haben, in ihrer Heimat eine Diktatur zu errichten, kein Asylrecht zu gewähren. Im Hinblick auf die negativen Beispiele von Lenin und Khomeini, die in westlichen Demokratien Asyl erhielten, bevor sie in ihrer Heimat die schlimmsten Diktaturen errichteten, ist diese Forderung sehr zu begrüßen. Aus diesem Vorschlag wird zugleich auch deutlich, zu welchen absurden Ergebnissen die Auslegung des Asylgrundrechts in der derzeitigen Form führt. Man stelle sich vor, ein demokratisches Land, das selbst erst in jüngster Vergangenheit schreckliche Erfahrungen mit einer Diktatur gemacht hat, gewährt Anhängern einer Partei Asyl, die die Demokratie in ihrer Heimat beseitigen und eine blutige terroristische Diktatur errichten wollen. Es unterstützt diese Leute damit, aus der sicheren Bundesrepublik heraus, ihre Ziele weiter zu verfolgen.

Eine schlimmere Verhöhnung und Perversion unserer demokratischen Wertordnung ist kaum vorstellbar. Trotzdem haben die Väter des Grundgesetzes dies in Kauf genommen, wobei sie allerdings erwartet haben, daß diese Leute ihre politische Betätigung im Bundesgebiet einstellen. Letzteres geschieht jedoch meist nicht.

Es gibt sogar eine Entscheidung des Bundesverwaltungsgerichts, die einem angeblich friedlichen Mitglied einer türkischen Mord- und Terrororganisation ein Asylrecht zusprach. Normalerweise wird die Unterstützung einer politischen Mordorganisation durch Mitgliedschaft nach unserem Strafrecht als Beihilfe zum Mord gewertet, wenn man nicht sogar von Mittäterschaft sprechen kann. Eine »friedliche« Unterstützung einer derartigen Organisation kann es nicht geben, da jede Art von Unterstützung die Mordtaten der Organisation begünstigt. Ist etwa ein Mafiaboß, der sich selbst die Hände nicht schmutzig macht, auch nur ein friedliches Mitglied seiner Organisation?

Man sieht an diesem Beispiel, daß der Gesetzgeber dringend eingreifen müßte – auch, um Auswüchse der Asylrechtsprechung zu verhindern.

In diesem Zusammenhang muß auch noch ein 1988 ergangenes Urteil des Bundesverwaltungsgerichts erwähnt werden, das zur Anerkennung eines Iraners als Asylberechtigten führte. Dieser Mann hatte behauptet, homosexuell zu sein. Seine Neigung sei im Iran zwar nicht bekannt. Er könne jedoch bei einer Rückkehr in seine Heimat seine homosexuelle Neigung nicht auf Dauer unterdrücken und würde damit in Gefahr geraten, nach den islamischen Gesetzen mit dem Tod bestraft zu werden. Das Bundesverwaltungsgericht bezeichnete die homosexuelle Veranlagung des Klägers als eine »asylrechtlich erhebliche Eigenschaft«. Der iranische Staat gehe gegen homosexuelles Verhalten aus ganz ähnlichen Gründen vor, wie gegen Personen, die wegen ihrer politischen Auffassung als Regimegegner gelten. Was hätten wohl die Väter des Grundgesetzes gesagt, wenn sie 1948 gewußt hätten, daß vierzig Jahre später das oberste deutsche Verwaltungsgericht eine Bestrafung wegen homosexueller Betätigung als »politische Verfolgung« ansieht.

Solche Entscheidungen demonstrieren, wie notwendig eine Änderung des Art. 16 Grundgesetz ist.

Asylbewerber, die als Rauschgifthändler die innere Sicherheit der Bundesrepublik gefährden, sollen nach den bayerischen Vorschlägen kein Asyl mehr erhalten. Es gibt inzwischen eine Vielzahl von Fällen, wo ausländische Rauschgifthändler nach ihrer Verhaftung einen Asylantrag stellten, um ihrer Abschiebung aus Deutschland zu entgehen.

Wer die Kriminalitätsstatistik aller Ausländer in der Bundesrepublik betrachtet, wird ohnehin wenig Neigung verspüren, für einen weiteren uneingeschränkten Ausländerzuzug zu plädieren.

Zwischen 1967 und 1988 hat sich die Ausländerkriminalität verdreifacht, obwohl sich der Anteil der Ausländer an der Wohnbevölkerung in Deutschland in diesem Zeitraum nur (von 6,4 Prozent) um ca. 1 Prozent erhöhte. Der Ausländeranteil unter den Kriminellen erreichte dagegen 19,3 Prozent, also fast das dreifache der Kriminalitätsrate der Deutschen. An der Gewaltkriminalität sind sie mit ca. 21 Prozent und bei Taschendiebstahl sogar mit über 50 Prozent beteiligt. Diese Zahlen sollten auf die Freunde multikultureller Experimente abschreckend wirken.

Da diese Kreise aber meist ohnehin der Auffassung sind, daß Kriminelle nur schuldlose Opfer ihrer böswilligen Umwelt sind (die sich diesen Gangstern wohl nicht willig genug unterwirft), kann man von ihnen keine Vernunft erwarten.

Selbstverständlich darf die hohe Ausländerkriminalität nicht dazu verführen, nun die eingangs erwähnte kollektivierende Betrachtungsweise gegenüber den Ausländern einzunehmen. Die große Masse der Ausländer ist genauso anständig, wie die Masse der Deutschen. Man muß jedoch die gesetzlichen Möglichkeiten schaffen, Kriminelle unverzüglich in ihre Heimat abzuschieben. Das derzeitige Asylgrundrecht verbietet jedoch die Abschiebung von kriminellen Ausländern, die einen Asylantrag gestellt haben.

Es ist absurd, daß Asylbewerber aus demokratischen und rechtsstaatlich organisierten Staaten ein sehr teures und langwieriges Gerichtsverfahren in Deutschland durchführen können, auch wenn von vornherein offenkundig ist, daß in ihrer Heimat niemand politisch verfolgt wird. Solche Fälle, in denen das Asylverfahren nur dazu dient, dem Kläger einen möglichst langen, vom deutschen Steuerzahler finanzierten Aufenthalt zu ermöglichen, sind ein Skandal, der dringend beseitigt werden muß.

Als der Parlamentarische Rat im September 1948 über das Asylgrundrecht diskutierte, lag Deutschland in Trümmern und die Bevölkerung hungerte.

Keiner, der nicht in ernsthafter Lebensgefahr geschwebt hätte oder dem nicht langjährige Haftstrafen gedroht hätten, wäre auf die Idee gekommen, nach Deutschland zu fliehen und hier Asyl zu beantragen. Daß Deutschland für Wirtschaftsflüchtlinge interessant werden könnte und daß sich die Bevölkerung in den Entwicklungsländern, die damals vielfach noch Kolonien waren, so sprunghaft vermehren und eine Auswanderung nach Deutschland und Europa als das große Los ansehen würde, konnte damals wirklich niemand voraussehen.

Wenn die Väter des Grundgesetzes vor 40 Jahren geahnt

hätten, wie die Entwicklung in Deutschland und der übrigen Welt verlaufen würde, hätten sie mit Sicherheit das Asylgrundrecht mit einem Gesetzesvorbehalt versehen.

Zumindest hätten sie, wenn sie an solche – damals utopisch scheinende – Möglichkeiten gedacht hätten, den deutschen Politikern sicher soviel Vernunft zugetraut, daß diese das Asylgrundrecht den jeweiligen weltpolitischen Notwendigkeiten anpassen würden. Sie hätten es angesichts der Erfahrung von Weimar und im Dritten Reich allerdings besser wissen müssen.

Sobald es nach lehrreichen Katastrophen unseren Intellektuellen wieder besser geht, beginnen einige von ihnen, utopische Ideen auszubrüten, die in ihrer Weltfremdheit, Radikalität und Verbohrtheit auf dieser Erde nicht ihresgleichen finden.

Die Radikalität des Denkens mag zwar in manchen Lebensbereichen, wie in der Wissenschaft, von Vorteil sein – in der Politik ist sie es jedoch mit Sicherheit nicht. Die Politik befaßt sich in erster Linie mit Menschen, und das menschliche Leben und die menschliche Natur sind zu vielschichtig, als daß sie sich mit einfacher Schwarz-Weiß-Malerei oder mit sonstigen politischen Patentrezepten bewältigen ließen.

Die gefährliche geistig-seelische Struktur unserer intellektuellen Ideologen und ihr verhängnisvoller Einfluß auf die deutsche Politik hätten die Väter des Grundgesetzes zu mehr Vorsicht und Vorsorge veranlassen sollen. Aber wer kann schon für alle Eventualitäten der Zukunft planen und Gesetze machen? Wenn die Enkel das verspielen, was ihre Großväter mühsam an Vermögen erworben haben, läßt sich dies auch durch die beste Zukunftsplanung nicht verhindern. Jede Generation muß sich neu bewähren und ihr Verhalten an die Erfordernisse der Zeit anpassen. Auch Gesetze von großer Bedeutung für das Schicksal der Bevölkerung und des Staates müssen immer wieder den politischen Notwendigkeiten angepaßt werden.

Ein Asylrecht wie das deutsche hätte nur dann eine Existenzberechtigung, wenn überall auf der Welt die Bevölkerung nicht mehr nennenswert wachsen würde und auch wirtschaftlich und sozial die Verhältnisse etwa vergleichbar wären. Da dies immer weniger der Fall ist, kann ein Asylgrundrecht, das jedem Bewohner dieser Erde mit der Behauptung einer politischen Verfolgung ein Eintrittsrecht in die Bundesrepublik verschafft und ihm hier einen meist jahrelangen Aufenthalt auf Kosten der deutschen Steuerzahler ermöglicht, bis sein Verfahren abgeschlossen wird, in unserer Zeit einfach nicht mehr aufrechterhalten werden.

Eine besondere Absurdität, die zum Mißbrauch geradezu einlädt, ist auch die Möglichkeit, nach einer durch alle Gerichtsinstanzen bestätigten Ablehnung des Asylantrags das Verfahren mittels eines sogenannten Folgeantrags noch einmal aufzurollen und seinen Aufenthalt damit nochmals zu verlängern. Hierzu muß lediglich behauptet werden, daß nunmehr neue Beweismittel für eine Verfolgung des Asylbewerbers vorlägen oder daß wegen der inzwischen geänderten Verhältnisse in der Heimat des Asylbewerbers nunmehr eine Verfolgung drohe.

Wer einmal rechtsmißbräuchlich eine Asylklage in der Bundesrepublik erhoben hat, müßte, wenn es nach der Vernunft ginge, damit seinen Anspruch auf weitere Verfahren dieser Art verwirkt haben.

In der Praxis stellen Asylbewerber oft mehrmals hintereinander Folgeanträge, um so einer Abschiebung zu entgehen.

Wenn die Ausländerbehörde einen Asylschwindler – meist erst nach jahrelangem Verfahren – abschieben will, stößt sie nicht selten auf erbitterten Widerstand sogenannter humanitärer Kreise. Kirchenmänner, Politiker und sonstige Interessenvertreter versuchen mittels massiver Medienarbeit die Ausländerbehörde einzuschüchtern und die Abschiebung des Asylschwindlers zu verhindern. Dabei wird auch ausgiebig von der Möglichkeit des Petitionsrechts Gebrauch gemacht, wobei man nicht selten Erfolg hat.

Aber auch manche Verwaltungsrichter lassen sich etwas einfallen, wenn es darum geht, Asylschwindler in der Bundesrepublik einen Aufenthalt zu ermöglichen. Wie im nächsten Kapitel beschrieben wird, haben sie ein »Super-Asylrecht« entwickelt, das darauf hinausläuft, Deutschland zum Einwanderungsland für alle Armuts- und Katastrophenflüchtlinge dieser Erde zu machen.

Wie soll man unter diesen Umständen die Asylschwindler zügig abschieben, wie oft gerade von jenen Parteien gefordert wird, deren Politiker sich dann in den Petitionsausschüssen gegen eine Abschiebung aussprechen.

Ein Argument, das gelegentlich gegen eine Änderung des Asylgrundrechts gebracht wird, ist der Hinweis auf die Genfer Konvention, die eine Abschiebung des politischen Flüchtlings ausschließt.

In diesem Zusammenhang ist zunächst darauf hinzuweisen, daß nach der Rechtsprechung des Bundesverfassungsgerichts das Asylgrundrecht des Art. 16 umfassender als die Genfer Konvention ist.

Die Genfer Konvention gewährt den Ausländern keinen Anspruch auf Asyl. Das Asylrecht richtet sich daher allein nach Art. 16 des Grundgesetzes. Die Genfer Konvention regelt im wesentlichen die Rechtsstellung derjenigen, denen bereits Asyl gewährt worden ist. Die Unterzeichnerstaaten verpflichten sich in der Genfer Konvention lediglich, Flüchtlinge vor einer Abschiebung in den Verfolgerstaat zu schützen. Dazu haben sich die Staaten jedoch nur untereinander verpflichtet. Einen individuellen einklagbaren Rechtsanspruch auf Abschiebungsschutz kann der Ausländer daher aus der Genfer Konvention nicht herleiten.

Im übrigen müßte im Rahmen der Europäischen Gemeinschaft die Einwanderungsfrage — sei es unter dem Gesichtspunkt des Asylrechts oder unter anderen Voraussetzungen — einheitlich geregelt werden, da wir — schon wegen der Freizügigkeit innerhalb der EG — hinsichtlich der Einwanderung alle in einem Boot sitzen.

Humanitäre Kreise behaupten häufig, daß die Bundesrepublik als reiches Land nur einen winzigen Bruchteil der weltweit vorhandenen Flüchtlinge ins Land gelassen habe, während manches arme Entwicklungsland Millionen aufgenommen habe. Sie verschweigen dabei allerdings, daß die Flüchtlinge in diesen Aufnahmeländern aufgrund des meist milden Klimas in Zelten untergebracht werden konnten und daß sie außerdem von der UNO oder anderen Organisationen versorgt wurden. Sie bereiteten dem Aufnahmeland daher keine übermäßigen Unkosten. Demgegenüber sind die Sozialhilfeleistungen, die etwa ein Asylant mit einigen Kinder bei uns bezieht, höher als das Nettoarbeitseinkommen eines deutschen Druchschnittsarbeitnehmers. Die Belastungen der deutschen Steuerzahler durch die Asylschwindler betragen 5–6 Milliarden DM jährlich, mit steigender Tendenz.

Besonders ärgerniserregend ist jedoch, wenn ein deutscher Normalverdiener mit ansehen muß, daß es dem Asylschwindler finanziell sogar bessergeht, als ihm, der mit seinen Steuern diesen Mißbrauch noch bezahlt.

Auch mit den Frechheiten, die sich die Mitarbeiter der Ausländerbehörden häufig von Asylschwindlern gefallen lassen müssen, könnte man Bücher füllen. So erschien ein Libanese, der mit seiner Großfamilie in einem Einfamilienhaus (natürlich auf Kosten des deutschen Steuerzahlers) untergebracht war, bei der Ausländerbehörde und forderte, man möge doch gefälligst jemanden vorbeischicken, der ihm in seinem Garten den Rasen mähen solle.

Solche Großfamilien denken meist naheliegenderweise auch gar nicht daran, eine bezahlte Arbeit aufzunehmen, selbst wenn sie die Arbeitserlaubnis erhalten, da ihre Einnahmen aus der Sozialhilfe wesentlich höher sein können, als das von ihnen erzielbare Arbeitseinkommen. Es ist daher verständlich, daß ein Libanese (mit großer Familie) auf das Angebot einer Ausländerbehörde, eine Arbeit aufzunehmen, erklärte, er sei doch nicht nach Deutschland gekommen, um zu arbeiten.

Andererseits muß man die Frage stellen, ob sich ein wirklich »politisch Verfolgter« gegenüber einem Land und seinen Steuerzahlern, die ihm Aufnahme gewähren, so undankbar verhält.

Ein Staat, in dem man ohne Arbeit im Vergleich zu den Verhältnissen in der eigenen Heimat geradezu paradiesisch leben kann, ist natürlich attraktiv. Wenn deutsche Staatsbürger in den USA (etwa in Hawaii) Asyl beantragen könnten und dann einige Jahre auf Kosten der amerikanischen Steuerzahler dort in Hotels untergebracht und versorgt würden, könnte man sich vorstellen, daß sich bei uns plötzlich sehr viele Menschen »politisch verfolgt« fühlen würden, um so ein paar Jahre kostenlosen Urlaub in Hawaii zu erhalten.

Selbstverständlich kommen auch viele Asylbewerber in die Bundesrepublik, weil sie hier arbeiten wollen. Bei einem Durchschnittsverdienst von weniger als 100,– DM im Monat in ihren Heimatländern erscheinen ihnen unsere Arbeitslöhne natürlich äußerst attraktiv. Wenn sie sehr sparsam leben, können sie in Deutschland aufgrund des Devisengefälles in wenigen Jahren mehr verdienen und sparen, als wenn sie in ihrer Heimat ihr ganzes Leben arbeiten würden. Als Abschreckungsmaßnahme wurde daher ein Verbot der Arbeitsaufnahme für Asylbewerber eingeführt. In der Praxis wird dieses Verbot allerdings häufig durch Schwarzarbeit umgangen. Dadurch erhalten manche Unternehmer billige Arbeitskräfte und können die Einrichtung »legaler« Arbeitsplätze mit den hohen Tariflöhnen und den Sozialversicherungsbeiträgen umgehen.

Sozialverbände und »humanitäre« Politiker fordern immer wieder die Aufhebung des Arbeitsverbotes. Dies wäre im Hinblick auf die ca. 2 Millionen Arbeitslosen in Deutschland nicht zu verantworten. Außerdem würde eine gutbezahlte Arbeitsmöglichkeit viele zusätzliche Ausländer anlocken, die zwecks Arbeitsaufnahme nur einen Asylantrag stellen müßten. Bereits anwesende Asylbewerber könnten noch mehr

Devisen nach Hause schicken und damit die Reisekosten für den Nachzug weiterer Familienangehöriger nach Deutschland finanzieren.

Humanitäre Kreise beklagen, daß die Asylbewerber zur Untätigkeit verdammt seien und darunter seelisch leiden würden. Sie verschweigen dabei allerdings, daß den Asylbewerbern die Möglichkeit einer Aufnahme gemeinnütziger Arbeiten nach dem Bundessozialhilfegesetz offensteht. Für diese auf freiwilliger Basis möglichen Arbeiten wird allerdings durch die Sozialhilfeträger für eine Stunde nur 2,– DM vergütet, was von den meisten Asylbewerbern als »lächerlich« abgelehnt wird. Dabei übersehen sie allerdings, daß ganz ansehnliche Stundenlöhne herauskommen, wenn man die übrigen Sozialhilfeleistungen, die sie vom Staat erhalten, dazurechnet.

Die Mentalität, nur noch alle Rechte für sich zu fordern, aber keine Pflichten zu übernehmen, ist bei den meisten Asylbewerbern offenbar genauso verbreitet wie bei vielen Deutschen.

Unser Asylgrundrecht kann nicht so beibehalten werden, daß es einen unbegrenzbaren Einwanderungsstrom ermöglicht. Die derzeitige Rechtslage gefährdet nicht nur unseren Staat, sondern auch die Europäische Gemeinschaft.

Eine europäische Lösung der Asyl- und Einwanderungsfrage ist daher auf Dauer unerläßlich. Diese Lösung müßte jedoch äußerst restriktiv sein und dürfte nur in den Fällen ein Asylrecht gewähren, wenn tatsächlich eine schwerwiegende politische Verfolgung vorliegt und der Asylbewerber außerdem in anderen Ländern – insbesondere in den seiner Heimat benachbarten Ländern – kein Aufenthaltsrecht und damit keinen Schutz vor Verfolgung erhalten würde.

IX. Ein deutsches Super-Asylrecht für alle Armutsflüchtlinge dieser Welt?

Humanitäre Utopien

Niemand wird bestreiten, daß es in der Welt unendlich viel Elend gibt. Naturkatastrophen, Armut, Hunger, Krankheiten und Gewalt durch Kriege, Bürgerkriege und Terror sorgen dafür, daß diese Erde ein irdisches Jammertal bleiben wird, solange der Mensch auf ihr lebt.

Ideologen wollen dies jedoch nicht wahrhaben und entwickeln Utopien über ideale Lebensverhältnisse. Da sie die Realitäten nicht ganz ignorieren können, suchen sie nach Schuldigen für das Elend dieser Welt und finden sie regelmäßig in bestimmten Menschen oder Menschengruppen. Dann rufen sie zur Verfolgung und Vernichtung dieser »Feinde der Menschheit« auf. Unzählige Millionen unschuldiger Menschen haben so ihr Leben verloren. Kommunismus und Nationalsozialismus haben diesen Wahnsinn in anschaulicher und erschreckender Weise demonstriert. Die gewaltsame Variante dieses »Menschheitsbeglückungswahns« hat in Europa derzeit keine Konjunktur.

Es gibt jedoch auch eine scheinbar friedliche Variante dieses Irrsinns, die mindestens ebenso gefährlich für unzählige unschuldige Menschen werden kann.

Sie ist vor allem deshalb so gefährlich, weil sie sich wie ein Wolf im Schafspelz tarnt und unter der edlen Flagge von Nächstenliebe und Humanität aufmarschiert. Die neue Erlösungsidee will die Industrieländer verpflichten, den armen und hungernden Menschen der Entwicklungsländer zu helfen und sie auf unser Wohlstandsniveau zu heben. Unsere moralische Verpflichtung, die dafür nötigen gewaltigen Opfer zu bringen, wird nicht nur mit christlich-humanitären Erwägungen, sondern vor allem mit historischen Schuldvorwürfen aus der Kolonialzeit und mit der noch heute stattfindenden Ausbeutung der Dritten Welt durch die Industrieländer begründet.

Im Rahmen des Kolonialismus mag es in manchen Gebieten zur Ausbeutung gekommen sein, genauso, wie auch heute im Rahmen des Wirtschaftslebens Monopol- und sonstige Machtpositionen ausgenutzt werden, um auf Kosten anderer wirtschaftliche Vorteile zu erlangen. Selbst die Entwicklungshilfe dient in vielen Fällen nur dazu, daß sich die Potentaten in den Entwicklungsländern an diesen Geldern schamlos und auf Kosten ihrer Bevölkerung bereichern. Außerdem gibt sie bestimmten Firmen Gelegenheit, sonst nicht absetzbare Produkte in den Entwicklungsländern loszuwerden.

Dieses geschäftliche Interesse wird dadurch getarnt, daß man den Steuerzahlern erklärt, die Entwicklungshilfe sei zu ihrem Besten, da sie die Arbeitsplätze sichern würde. Mangels ausreichender volkswirtschaftlicher Bildung breiter Bevölkerungskreise kann man den Steuerzahlern offenbar solche Milchmädchenrechnungen problemlos vorsetzen.

Deshalb muß hier einmal gesagt werden, daß der Staat diese Gelder ebenso dem Steuerzahler belassen könnte. Sie würden dann in den Konsum oder in Investitionen fließen und auf diese Weise unsere Konjunktur zumindest in gleicher Weise ankurbeln bzw. Arbeitsplätze schaffen und erhalten.

Manche unserer Politiker verstehen aber offenbar sowenig von volkswirtschaftlichen Zusammenhängen, daß sie selbst an diese Entwicklungshilfepropaganda glauben.

Wenn die Entwicklungshilfe wirklich in vernünftige Projekte laufen würde, wäre sie zumindest so lange zu rechtfertigen, solange unser Staat derartige Mittel entbehren kann.

Die bei uns immer häufiger propagierte Idee, das Armuts- und Hungerproblem der Entwicklungsländer durch eine weltweite Freizügigkeit, also durch völlige Freigabe der Einwanderung in die Industrieländer zu lösen, ist für letztere jedoch unzumutbar.

Sie würde den Entwicklungsländern auf längere Sicht nicht helfen, da sie deren Bevölkerungswachstum nicht nennenswert drosseln würde, so daß sie bald wieder vor den gleichen Problemen stünden.

Andererseits würden die Einwanderer in den Industriestaaten aufgrund ihrer großen Zahl und ihrer hohen Geburtenraten auch dort für eine »Bevölkerungsexplosion« sorgen, die in relativ kurzer Zeit zur Vernichtung der letzten »Inseln des Wohlstandes« führen müßte.

Solche naheliegenden Erkenntnisse dürften die meisten Industrieländer vor selbstmörderischen Experimenten dieser Art bewahren. Im Gegensatz dazu wollen deutsche Ideologen offenbar wieder einmal gegen den Strom schwimmen. Sie glauben, die ganze Welt bei uns aufnehmen zu können und finden Anhänger in nahezu allen gesellschaftlich relevanten Gruppen. Die einen wittern gute Geschäfte und hoffen, das sinkende Boot notfalls mit Hilfe ihres Geldes rechtzeitig verlassen zu können. Die anderen werden von humanitären Wahnideen getrieben und sind meist ohnehin unfähig, die gigantischen Dimensionen der durch die Bevölkerungsexplosion drohenden Gefahren zu erkennen.

Es gibt jedoch noch eine dritte Gruppe, die glaubt, bei uns mit Hilfe einer Masseneinwanderung eine gesteuerte Katastrophe verursachen zu können, die unseren Staat und unsere Demokratie zusammenbrechen und den Kommunismus als Retter in der Not erscheinen ließe.

Auch diese Leute dürften sich verrechnen. Man kann mit dem Feuer einer Masseneinwanderung nicht spielen. Wenn die Dämme einmal gebrochen sind, kann sie auch ein kommunistisches System nicht mehr flicken – besonders, wenn ihm auch noch die eigene Ideologie des internationalen brüderlichen Sozialismus im Wege steht.

Die deutsche Bevölkerung beginnt das Einwanderungsproblem allmählich zu erkennen und die politischen Gruppierungen, die die Einwanderung propagieren, werden um so schwerer Wähler finden, je mehr Einwanderer ins Land strömen. Wollen bestimmte Parteien deshalb das Ausländerwahlrecht einführen?

Politisch dürfte sich die freie unbegrenzte Einwanderung von Armutsflüchtlingen nicht durchsetzen lassen, auch wenn man mit noch so massiver Propaganda versucht, das Volk an der Nase herumzuführen. Daher müssen die Befürworter einer freien Einwanderung andere Machtmittel einsetzen, mit denen sie das Volk als Souverän ausschalten können.

Etwas Derartiges ist normalerweise allerdings nur mittels Staatsstreiches und der Abschaffung der Demokratie zu bewerkstelligen.

»Verwaltungsrichter – Diktatur?

Nicht so in Deutschland! Hier gibt es Verwaltungsrichter, denen es tatsächlich gelungen ist, einen Weg zu finden, wie man mittels entsprechender Grundgesetzauslegung das Volk als Souverän ausschalten und Deutschland zum Einwanderungsland machen kann!

In unserer repräsentativen Demokratie soll sich der Volkswille durch die vom Volk gewählten Vertreter in Gesetzen niederschlagen.

Die gewählten Politiker sind zwar unabhängig und an Weisungen nicht gebunden – wenn sie jedoch zu schlecht und erkennbar gegen den Willen der Mehrheit regieren, werden sie nicht mehr gewählt. So hat das Volk zwar keinen unmittelbaren, aber einen gewissen mittelbaren Einfluß.

Wenn es jedoch gelingt, die Politiker (als Gesetzgeber) in wichtigen Schicksalsfragen zu entmachten, entmachtet man damit zugleich auch das Volk. Dieses in einem demokratischen Rechtsstaat fast undenkbare Kunststück ist unseren findigen Verwaltungsrichtern gelungen.

Eine in der Tat weltweit einzigartige Leistung!

Man könnte den Eindruck gewinnen, daß die beteiligten Richter noch nie etwas von der in unserem Grundgesetz vorgesehenen Dreiteilung der Gewalten (in Gesetzgebung, Rechtsprechung und Verwaltung) gehört haben. Ist kein Gesetz vor einer weltfremden Auslegung durch Juristen sicher, die genau das Gegenteil, des Gesetzgeberwillens aus ihm herauslesen?

Mit der Möglichkeit, daß Richter den Gesetzgeber entmachten könnten, haben die Väter des Grundgesetzes nicht gerechnet, da sie in historischen Dimensionen dachten und da in der Vergangenheit die Rechtsprechung an den beiden deutschen Katastrophen dieses Jahrhunderts weitgehend unschuldig war.

Deshalb ist unser Grundgesetz gegen eine Okkupation politischer Macht durch die Verwaltungsrechtsprechung nicht genügend abgesichert.

Die Väter des Grundgesetzes haben leider die deutsche Mentalität nicht ausreichend berücksichtigt. In Deutschland darf man einzelnen Menschen unter keinen Umständen unbeschränkte Machtbefugnisse einräumen – auch nicht den Juristen!

Die Achillesferse unserer Verfassung, die sich bestimmte Verwaltungsrichter zunutze machen, ist der Art. 1 Grundgesetz, der die Unverletzlichkeit der Menschenwürde garantiert. Dieser Grundgesetzartikel darf gemäß Art. 79 Abs. 3 des Grundgesetzes im Gegensatz zum Asylgrundrecht vom Gesetzgeber in seinen Grundsätzen keinesfalls nicht berührt werden.

Die im Grundgesetz garantierte »Menschenwürde« wird in der Juristensprache als ein »unbestimmter Rechtsbegriff« bezeichnet, der von den Richtern nach Belieben ausgelegt werden kann.

Dies sei an einem Beispiel erläutert.

Nehmen wir einmal an, die Richter des Bundesverwaltungsgerichts entschließen sich, im Rahmen einer immer massiver werdenden Antiwehrdienstpropaganda diesen Dienst als Vorbereitung von künftigen Tötungshandlungen zu betrachten, die (da jeder das Recht auf Leben hat) ohne Zweifel die Menschenwürde des Kriegsgegners verletzen dürften. Sie könnten auch erklären, die Menschenwürde des Soldaten, dem die Tötung seiner Feinde befohlen werden könnte, würde möglicherweise in Zukunft ebenso verletzt werden. Wenn man dann noch den alten Rechtsgrundsatz der Notwehr zum reinen Individualrecht reduziert, könnte man in rechtlich einwandfreier Weise die Bundeswehr zu einer Institution erklären, die zukünftige Menschenrechtsverletzungen plane und daher gegen die Verfassung verstoße.

Man halte solche theoretischen Überlegungen nicht für absurd. Solche Entscheidungen wären durchaus denkbar. Es kommt allein darauf an, welche Juristen man zu Richtern der entsprechenden Gerichte ernennt.

Wer dies nicht glaubt, wird seine Ansicht vermutlich ändern, wenn er erfährt, was einige Verwaltungsrichter bereits aus dem Grundsatz der Unverletzbarkeit der Menschenwürde in Art. 1 unserer Verfassung gemacht haben.

Nahezu 40 Jahre nach Inkrafttreten unserer Verfassung kamen fünf Richter des Bundesverwaltungsgerichts (möglicherweise auch nur eine Mehrheit von drei Richtern in dem fünfköpfigen Senat) auf die Idee, daß die deutschen Behörden einen Ausländer nicht in seine Heimat abschieben dürfen, wenn diesem dort eine menschenunwürdige Behandlung drohe. Unsere Verfassung sei auch insoweit anwendbar, als sie verbiete, jemanden »sehenden Auges« in ein solches Land abzuschieben. Im Ergebnis wird den deutschen Behörden also vorgeworfen, sie würden sich indirekt mitschuldig an den dem Ausländer in seiner Heimat möglicherweise widerfahrenden Menschenrechtsverletzungen machen.

Diese Überlegung ist an sich nicht unlogisch.

Nicht nur wegen ihrer unhaltbaren Ergebnisse, sondern vor allem im Hinblick auf das Gewaltenteilungsprinzip ist sie jedoch juristisch falsch, da es in keiner Demokratie dieser Welt im Machtbereich der Richter liegt, darüber zu entscheiden, ob ein Land zu einem Einwanderungsland wird.

Die Auslegung des Art. 1 Grundgesetz durch das Bundesverwaltungsgericht macht die Bundesrepublik jedoch im Ergebnis unvermeidbar zum Einwanderungsland. Sie nimmt der Verwaltung und dem Gesetzgeber wegen des bereits erwähnten Verbots, den Art. 1 Grundgesetz in seinem Wesensgehalt zu ändern, jede Souveränität über die Einwanderungsfrage.

Kein Staat der Welt kann ohne diese Souveränität existieren! Wenn die Rechtsprechung in der für uns lebenswichtigen Einwanderungsfrage die staatliche Souveränität in der Weise unterhöhlt, daß sie aus dem Grundgesetz unmittelbar einen vom Ausländer einklagbaren und vom Gesetzgeber nicht abänderbaren humanitären Bleiberechtsanspruch (der im Ergebnis ein Einwanderungsanspruch ist) ableitet, so spricht sie das Todesurteil über diesen Staat und über diese Demokratie. Sie spricht jedoch auch das Todesurteil über die deutsche Bevölkerung, die durch eine unabwendbare Masseneinwanderung von Hunger- und Armutsflüchtlingen zugrunde gerichtet würde.

Möglicherweise war den beteiligten Richtern gar nicht klar, welche katastrophalen Folgen ihre Entscheidung für unseren Staat haben muß.

Auch die meisten Politiker haben offenbar noch keine Ahnung, in welcher Weise sie von den Berliner Richtern des Bundesverwaltungsgerichts in einer lebenswichtigen staatspolitischen Frage entmachtet worden sind.

Auch jene Beschwichtiger, die meinen, daß alles schon nicht so heiß gegessen werde, wie es gekocht wird, seien gewarnt.

Die Neigung vieler deutscher Intellektueller zum Exzeß findet in dieser Rechtsprechung des Bundesverwaltungsgerichts ein hervorragendes Betätigungsfeld. Sie werden ihre Chance nützen! Warum sollen wir auch vor einer dritten Katastrophe in diesem Jahrhundert verschont bleiben?

Die Entscheidungen, die bereits von unteren Verwaltungsgerichtsinstanzen aufgrund des vorstehenden Grundsatzurteils gefällt wurden, werden alle Chaoten unserer Nation zu wahren Begeisterungsstürmen hinreißen. Verheißen sie doch den alsbaldigen Untergang dieser ihnen so verhaßten Republik.

Da offenbar auch heute noch am deutschen Wesen die Welt genesen muß, legen manche Verwaltungsrichter hinsichtlich der an die Menschenwürde zu stellenden Anforderungen die Maßstäbe unseres Staates an. Länder, die ihren Bürgern nichts Vergleichbares bieten können, verstoßen nach Ansicht dieser Richter selbstverständlich gegen die Menschenwürde.

Man verlangt von diesen Ländern Unmögliches und verschafft so deren Bürgern ein Einwanderungsrecht in der Bundesrepublik.

Diese Einwanderung läuft nach einem sehr einfachen Schema ab. Der Einwanderer öffnet mit dem Zauberwort »Asyl« die Tore der Bundesrepublik. Wenn sein rechtsmißbräuchlicher Asylantrag abgelehnt wird, beruft er sich auf die menschenunwürdigen Zustände in seiner Heimat und erhält damit ein »humanitäres Bleiberecht«. Da meist keine Aussicht auf Besserung der Zustände in der Heimat besteht, kommt eine Abschiebung auch später nicht mehr in Betracht.

Im Ergebnis gibt die Rechtsprechung unserer Verwaltungsrichter allen Bewohnern aus Hunger- und Katastrophenländern über den Art. 1 ein Einwanderungsrecht in die Bundesrepublik und der Gesetzgeber hat wegen des bereits erwähnten Art. 79 Abs. 3 des Grundgesetzes auch mit Zweidrittel-Mehrheit keine Möglichkeit, dies abzustellen.

Dabei steht diese Rechtsprechung erst am Anfang. Es wäre doch gelacht, wenn es den deutschen Juristen nicht gelänge, diese Rechtsprechung nicht noch vollends ins Absurde zu steigern.

Warum sollte man z. B. erst den Umweg über das Zauberwort »Asyl« wählen, um die Bundesrepublik betreten zu können. Man könnte die Öffnung der Tore doch ebensogut gleich mit dem neuen Zauberwort »Menschenwürde« erzwingen, da der Ausländer, wenn er zurückgewiesen würde, genötigt wäre, in die menschenunwürdigen Verhältnisse seiner Heimat zurückzukehren. Die deutschen Grenzbeamten würden den Ausländer also auch »sehenden Auges« in diese »schrecklichen« Zustände zurückstoßen und damit indirekt an dessen »schlimmem« Schicksal mitschuldig werden.

Man könnte sogar noch einen Schritt weitergehen: Wenn sich ein Einwanderungswilliger bei der deutschen Botschaft in seinem Heimatland meldet und dort erklärt, daß er den menschenunwürdigen Verhältnissen seiner Heimat durch eine Einreise in die Bundesrepublik zu entkommen wünsche, jedoch aus Armut das Geld für die Reise hierher nicht aufbringen könne, müßten die deutschen Botschaftsbeamten in konsequenter Anwendung der Rechtsprechung deutscher Verwaltungsrichter, diesem sogar noch die Reisekosten finanzieren. Täten sie dies nicht, würden sie durch ihr Unterlassen »sehenden Auges« verhindern, daß der arme Ausländer die Insel der Seligen, also die Bundesrepublik, erreicht und damit möglicherweise sogar in Kauf nehmen, daß dieser Mensch verhungert.

Humanitäre »Willkür-Rechtsprechung«?

Unsere Verwaltungsrechtsprechung ist eifrig dabei, die Grenzen der Belastbarkeit unseres Staates und der deutschen Steuerzahler zu testen.

So hat es ein Verwaltungsgericht als gegen die Menschenwürde verstoßend angesehen, einen Ghanaer in seine Heimat abzuschieben, da diesem wegen Beteiligung an einer Unterschlagung 5 Jahre Gefängnis drohten. Dieses Strafmaß sei nach deutschen Verhältnissen zu hoch und würde deshalb gegen die Menschenwürde verstoßen.

Aus jedem Land, in dem wesentlich höhere Strafen drohen als

nach dem überaus milden deutschen Strafgesetzbuch, könnten nach dieser Rechtsprechung die Kriminellen unter dem Gesichtspunkt der Menschenwürde (welch ein Hohn!) in die Bundesrepublik einwandern. Auf diese Weise kann man Deutschland zum Einwanderungsland für Kriminelle machen. Dies gilt in besonderem Maße für Rauschgifthändler, denen in ihrer Heimat die Todesstrafe droht. Auch diese dürfen aufgrund unserer »menschenwürdigen« Rechtsprechung nicht in ihre Heimat abgeschoben werden. Sie werden in der Bundesrepublik ein breites Betätigungsfeld für ihren Rauschgifthandel finden. Auf die Idee, daß auch deutsche Kinder und Jugendliche einen Anspruch auf Menschenwürde und auf Schutz vor solchen kriminellen »Geschäftsleuten« haben, kommen unsere Juristen offenbar nicht. Entsprechende Vorwürfe würden sie im übrigen unter Berufung auf unser Strafrecht zurückweisen, das auch Strafen für Rauschgifthandel vorsieht. Sie müßten doch wissen, daß unsere lächerlich geringen Strafen keinen ausländischen Rauschgifthändler abschrecken können.

Aber auch kleinere Ganoven, wie zum Beispiel Schmuggler aus Ghana, kommen in den Genuß unserer Rechtsprechung. Die in Ghana für Wirtschaftsdelikte vorgesehenen relativ hohen Strafen verstoßen nämlich nach Ansicht bestimmter Richter gegen die Menschenwürde. Manche deutsche Verwaltungsrichter scheuen sich also nicht einmal, andere Staaten, die sich gegen die unerträgliche Wirtschaftskriminalität in ihrem Lande mit harten Strafen zu wehren versuchen, als Feinde der Menschenwürde zu verteufeln. Dabei müßten auch diese Richter wissen, daß die Wirtschaftskriminalität in Ghana dazu führt, daß den armen Bevölkerungsschichten die Nahrungsmittel zu den vom Staat festgelegten Preisen entzogen werden und daß diese hungern müssen, weil sie die überhöhten Preise des Schwarzmarktes nicht zahlen können. Diese Menschen wären sicher empört, wenn sie wüßten, daß deutsche Gerichte ihre Ausbeuter noch mit einem Einwanderungsrecht belohnen.

In einem anderen Fall wurde vom Verwaltungsgericht die

Abschiebung eines Ghanaers in seine Heimat untersagt, weil diesem dort eine Bestrafung wegen Brandrodung drohte. Der Kläger hatte zugegeben, daß er seine landwirtschaftlichen Grundstücke in Brand gesetzt hatte und daß dies jedoch zur damaligen Jahreszeit (vermutlich Trockenzeit) verboten war. Dies hatte dazu geführt, daß der benachbarte Urwald ebenfalls in Flammen aufging.

Wenn jemand wegen seines Verhaltens, das vom Standpunkt seines Heimatlandes aus kriminell ist, dafür in Deutschland mit einem »humanitären Bleiberecht« belohnt wird, kann man dies wohl nicht mehr akzeptieren. Insbesondere unsere »grünen« Einwanderungsfreunde, die angeblich auf die Erhaltung des ökologischen Systems soviel Wert legen, sollten gegen derartige Urteile protestieren. Wenn durch Niederbrennen der Urwälder die Lebensgrundlagen der afrikanischen Bevölkerung immer mehr ruiniert werden, ist dies schließlich kein Kavaliersdelikt. Wenn jemand die Grundlagen der Nahrungsproduktion für gegenwärtige und zukünftige Generationen zerstört, so handelt es sich auch nach den Grundsätzen zivilisierter Staaten um ein »Verbrechen«, dem mit entsprechend harten Strafen begegnet werden muß. Wenn ein Staat wie Ghana für derartige Delikte Strafen bis zu 15 Jahren vorsieht, so ist dies keineswegs menschenrechtswidrig, sondern offenbar die einzige Möglichkeit, auf andere potentielle Täter abschreckend zu wirken. Deutsche Gerichte können sich auch nicht anmaßen, hinsichtlich der Strafhöhe europäische Maßstäbe anzulegen, da dies der gesamten Struktur und den sonstigen Verhältnissen Afrikas in keiner Weise gerecht würde. Man kann die Verhältnisse europäischer Industriestaaten nicht mit den Agrarstaaten Afrikas vergleichen, die hinsichtlich ihrer Wirtschaft am Rande des Bankrotts stehen und zum Überleben auf eine gesunde Landwirtschaft angewiesen sind.

Aber auch fehlende soziale Sicherheit in der Heimat berechtigt die Ausländer nach Meinung einiger Asylrichter zu einem

Daueraufenthalt in Deutschland. In dieser Weise hat ein Verwaltungsgericht im Falle einer Klägerin aus Somalia entschieden, die mit ihrem Kind in die Bundesrepublik eingereist war.

Obwohl diese Frau in ihrer Arbeitsfähigkeit nicht eingeschränkt war, erklärte das Gericht, daß eine Abschiebung der Klägerin in ihre Heimat der Menschenwürde des Art. 1 Grundgesetz widersprechen würde, da der somalische Staat der Klägerin bei einer Rückkehr voraussichtlich keine Sozialhilfe gewähren würde.

Die vorstehende Entscheidung wird dadurch noch unverständlicher, daß die Klägerin in der Vergangenheit von ihren Verwandten, die außerhalb Somalias lebten, finanziell unterstützt wurde und sich daher auch ihre teure Flugreise in die Bundesrepublik leisten konnte.

Das Gericht hätte sich eigentlich ausrechnen können, daß diese offenbar finanzkräftigen Verwandten auch in der Lage sein müßten, die Klägerin in Somalia finanziell ausreichend zu unterstützen, insbesondere, da dort relativ geringe finanzielle Mittel für eine Existenzsicherung ausreichen. Allein mit dem Geld, das die Flugreise kostete, hätte die Klägerin einige Jahre in Somalia leben können.

Außerdem hatte die Klägerin eine überdurchschnittliche Schulbildung, so daß sie auf dem Arbeitsmarkt in ihrer Heimat vermutlich wesentlich bessere Chancen gehabt hätte als viele ihrer Landsleute.

Dieses Urteil hat nicht weniger zur Konsequenz, als den Anspruch aller Hungernden dieser Erde, in die Bundesrepublik einzuwandern, da ihnen in ihrer Heimat keine ausreichende Sozialhilfe zur Verfügung steht. Diese Konsequenzen scheinen manche unserer Richter jedoch nicht im mindesten zu bekümmern.

Manche Asylrichter schrecken inzwischen vor nahezu keiner Unlogik mehr zurück, wenn es darum geht, Asylschwindlern einen Daueraufenthalt im Bundesgebiet zu ermöglichen. So verbot ein Verwaltungsgericht die Abschiebung einer 16jährigen christlichen Syrerin, da in ihrer Heimat die Gefahr bestünde, daß sie von moslemischen Kurden belästigt, möglicherweise entführt und mit Gewalt zur Ehe gezwungen werden könnte.

Das Gericht stellt in seiner Entscheidung zwar fest, daß die christliche Minderheit aktiv am sozialen und wirtschaftlichen Leben Syriens teilnehme, wichtige Ämter bekleide und daß die Regierung Diskriminierungen von Christen nicht dulde. Dennoch erklärten die Richter – ohne jeden konkreten Nachweis – es sei allgemein bekannt, daß junge Mädchen von Kurden in Syrien oft entführt und zur Ehe gezwungen würden.

Haben die Richter ihre Kenntnisse aus Karl Mays »Durchs wilde Kurdistan« bezogen?

Was würden wir wohl sagen, wenn syrische Gerichte erklären würden, jüngeren deutschen Frauen sei die Rückkehr in ihre Heimat nicht zumutbar, da allgemein bekannt sei, daß in deutschen Großstädten junge Frauen häufig vergewaltigt würden? Wo auf dieser Welt gibt es Sicherheit vor kriminellen Übergriffen?

Man sieht auch an diesem Beispiel, wie leicht unsere Verwaltungsrichter die Tore der Bundesrepublik mittels exzessiver Auslegung des Art. 1 Grundgesetz für eine Masseneinwanderung aus aller Welt öffnen können.

Manche Rechtsanwälte hoffen, unsere Asylrichter auch mit absurden Argumenten überzeugen zu können. So erklärte ein Asylanwalt, daß man seinem Mandanten die Rückkehr nach Bangla Desh nicht zumuten könne, da dort relativ große Flächen des Landes jedes Jahr zeitweise überschwemmt seien. Es würde nicht überraschen, wenn er mit diesem Argument bei manchen Asylrichtern Erfolg hätte.

Aber auch Krankheiten der Ausländer können diesen zu einem Einwanderungsrecht nach Deutschland verhelfen. So verbot ein Verwaltungsgericht die Abschiebung eines an Diabetis (Zuckerkrankheit) erkrankten Senegalesen, da nicht feststand, daß dessen Behandlung in seiner Heimat medizinisch und finanziell gesichert war. Ebenso wurde im Fall eines geringfügig gehbehinderten jungen Inders entschieden. Nahezu unglaublich scheint auch folgendes Urteil: Das Verwaltungsgericht verbot die Abschiebung eines im hohen Maße hörgeschädigten Klägers nach Somalia, da dieser in seiner Heimat völlig auf sich gestellt wäre und dort nicht ein Mindestmaß an Hilfestellung zur Existenzsicherung erhalte.

Eine entsprechende Beweisaufnahme etwa durch medizinische Abklärung, ob die Schwerhörigkeit des Klägers nicht nur vorgetäuscht war oder ob in seiner Heimat nicht auch für derartige Fälle, die für die meisten körperlichen Arbeiten keinen Hinderungsgrund darstellen, eine Existenzmöglichkeit vorhanden ist, unterblieb! Das Gericht erklärte den Kläger kurzerhand für glaubwürdig und ersparte sich damit die eigentlich notwendigen Beweiserhebungen. Das Urteil ist nicht nur im Ergebnis absurd, sondern auch völlig unlogisch, wenn man bedenkt, daß es dem angeblich völlig hilflosen Mann aus Somalia gelang, durch verschiedenste Länder bis in die einige tausend Kilometer entfernte Bundesrepublik zu reisen. Wie kann ein Mann, der dies erreicht bzw. sich die finanziellen Mittel für eine derartige weite Reise beschafft hat, so hilflos sein, daß er in seiner Heimat keine Existenzgrundlage findet?

Man muß aber auch die grundsätzliche Bedeutung derartiger absurder Entscheidungen erkennen. Die medizinische und soziale Versorgung in der Dritten Welt ist oft sehr dürftig und mit unseren Verhältnissen nicht im entferntesten vergleichbar. Es gibt selten ein ausreichendes Sozial- und Krankenkassensystem, das die Finanzierung der Krankenbehandlung übernehmen würde.

Wenn die vorstehende Rechtsprechung daher wirklich durch Art. 1 unseres Grundgesetzes gerechtfertigt wäre, drängt sich die alptraumhafte Vorstellung auf, daß die Bundesrepublik zum »Sozialamt« und zum »Krankenhaus« der Welt werden muß – und dies alles auf Kosten des ausgebeuteten Steuerzahlers!

Aufgrund solcher Rechtsprechung wäre es konsequent, neben einer gleichwertigen Krankenversorgung und Sozialhilfe auch noch eine gleichwertige Altersversorgung im Heimatland des Ausländers zu verlangen und eine Abschiebung nur unter diesen Voraussetzungen zuzulassen.

Bürgerkriegsereignisse, die nach der Rechtsprechung keinen Asylanspruch begründen, wurden in vielen Fällen in eine Gefährdung der Menschenwürde uminterpretiert, die eine Abschiebung nicht erlaube. Dies galt unter anderem für Tamilen aus Sri Lanka (Ceylon) und für Libanesen.

Nachdem im Libanon allerdings in gewissen Gebieten eine Beruhigung der Lage eingetreten ist, die eine Gefährdung durch den Bürgerkrieg als unwahrscheinlich erscheinen läßt. ließen sich einige Verwaltungsrichter, die der Idee einer Masseneinwanderung nach Deutschland offenbar positiv gegenüber stehen, etwas Neues einfallen.

So kamen sie auf die Lösung, daß nunmehr die im Libanon herrschende wirtschaftliche Not eine Abschiebung verbiete. Ein Oberverwaltungsgericht entschied dies für libanesische Familien mit Kindern.

Für eine solche Entscheidung kann man zwar aus humanitären Gesichtspunkten noch ein gewisses Verständnis aufbringen.

Ein Verwaltungsgericht ging jedoch daraufhin gleich noch ein paar Schritte weiter und bewies damit, daß man den »Humanitätsgesichtspunkt« uferlos anwenden kann.

Das Gericht verbot die Abschiebung eines jungen Libanesen. Dieser hätte sich zwar nach Meinung des Gerichtes im Libanon allein wirtschaftlich durchschlagen können, aber – so die findigen Verwaltungsrichter – er müsse außerdem auch seine im Libanon zurückgebliebenen Eltern und Geschwister miternähren. Dies könne er jedoch nur von der Bundesrepublik aus.

Da Asylbewerber vor einer Asylanerkennung bei uns regelmäßig keine Arbeitserlaubnis erhalten, muß man an die Richter allerdings die Frage stellen, womit der Asylbewerber seine Angehörigen im Libanon wohl unterstützt hat. Mit Schwarzarbeit oder etwa gar mit Rauschgifthandel? Aus solchen Urteilen müßte man konsequenterweise die Forderung ableiten, daß den bei uns einreisenden Armutsflüchtlingen – auf Kosten des deutschen Steuerzahlers – soviel Sozialhilfe gezahlt werden müsse, daß sie auch noch ihre im Ausland lebenden Großfamilien damit ernähren können!

Man darf den beteiligten Juristen jedoch keinesfalls einen bösen Willen unterstellen. Sie glauben aus Idealismus und mit humanitärem Engagement zu handeln.

Schließlich gibt es unter den Armutsflüchtlingen auch viele, deren Schicksal bedauerlich ist und denen jedermann gerne helfen würde. Das Problem ist nur, daß unsere Rechtsprechung den Willen des Gesetzgebers der schließlich den Volkswillen repräsentiert – zu beachten hat und daß die Richter nicht ihre Machtposition dazu verwenden dürfen, ihren humanitären Emotionen zu folgen, so edel diese auch sein mögen. Andernfalls ginge die Objektivität der Rechtsprechung verloren und dies wäre das Ende jeder Gerechtigkeit und würde der Willkür Tür und Tor öffnen.

Hier muß allerdings auch einmal betont werden, daß keineswegs alle mit dem Asylrecht befaßten Verwaltungsrichter eine derartige verhängnisvolle »humanitäre« Rechtsprechung befürworten. Viele bemühen sich vielmehr verzweifelt, den Wahnsinn einer Masseneinwanderung aufzuhalten. Ihre Chancen, sich auf Dauer gegenüber ihren »progressiven« Kollegen durchzusetzen, sinken jedoch in dem Maß, in dem sich in den oberen Instanzen die vermeintliche Humanität durchsetzt.

Die Richter sollten beachten, daß sie ihre humanitären Gaben nicht zum Nulltarif austeilen können und daß man alles, was man den Armutsflüchtlingen gibt, vorher den deutschen Steuerzahlern aus der Tasche holen muß. Unter den letzteren gibt es mehr als genug, die mit jeder Mark rechnen müssen.

Alle unsere Menschenfreunde, die sich so tatkräftig für die Ausländer engagieren, mögen sich im übrigen einmal der Mühe unterziehen, das in Deutschland an vielen Stellen vorhandene Elend und die Armut vieler Deutscher zu betrachten.

Unser vielgerühmtes soziales Netz hilft nämlich keineswegs allen. Es gibt leider noch immer viele Menschen, die zu stolz sind, Sozialhilfe zu beantragen. Nicht wenige alte Menschen in ländlichen Gemeinden müssen von einer Minimalrente, die weit unter dem Sozialhilfesatz liegt, leben. Diese Menschen schränken sich lieber ein, als daß sie zum Sozialamt gehen. Wer sich einmal der Mühe unterzieht, die Verhältnisse in vielen Alters- und Pflegeheimen zu erkunden, der wird das einseitige Engagement vieler unserer Menschenfreunde zugunsten der Ausländer als inkonsequent, wenn nicht gar als scheinheilig und heuchlerisch betrachten.

Insbesondere jene, denen die Zustände in den Sammellagern der Asybewerber nicht luxuriös genug erscheinen, sollten sich einmal mit dem Schicksal der nahezu 100 000 sogenannten Nichtseßhaften vertraut machen, die meist durch schwere persönliche Schicksalsschläge aus der Bahn geworfen wurden. Wo bleibt hier ein Engagement der Kirchenvertreter, das ihrem Einsatz für die Asylschwindler auch nur im entferntesten gleichkäme? Was würden unsere humanitären Richter wohl sagen, wenn man die Asylbewerber wie die Nichtseßhaften frühmorgens, auch bei eisiger Kälte, aus den Übernachtungsquartieren auf die Straße jagen würde? Aber diese Menschen führen keine Prozesse, und die meisten Anwälte würden auch kaum begeistert sein, wenn sie in ihren Kanzleien auftauchen würden. Wer daher die Mühe scheut, sich auch für die deutschen »Problemfälle« zu engagieren, hat die moralische Berechtigung verwirkt, sich als humanitär engagiert zu bezeichnen und wenn er noch so vielen Ausländern das Geld der deutschen Steuerzahler nachwirft. Ausländerfreunde, die ihr eigenes Geld an die Bedürftigen ausgeben, kann man ohnehin mit der Lupe suchen.

Es soll hier den »Humanitären« nicht jeder Idealismus abgesprochen werden. Ein Idealismus, der jedoch nicht selbst die großen Opfer bringt, sondern sie nur von seinen Mitmenschen fordert, hat keinen allzu hohen Stellenwert. Er entpuppt sich in vielen Fällen letztlich nur als Schaumschlägerei und Angeberei.

Man könnte über diese Seite der Angelegenheit hinwegsehen, wenn die Auswirkungen dieses Verhaltens nicht so verhängnisvoll für die deutsche Bevölkerung und im Ergebnis auch für ganz Europa wären.

Was ist zu tun?

Deshalb muß man versuchen, diesen Menschen – soweit sie gutwillig sind – zu helfen, ihre Scheinhumanität zu erkennen. Man muß ihnen klarmachen, daß sie mit ihrer Politik unabsehbares Elend über unzählige Menschen in Europa bringen würden und daß es nicht um den humanitären Einzelfall geht und auch nicht um einige tausend oder sogar einige hunderttausend solcher Fälle, sondern um unzählige Ausländer, die mit der gleichen humanitären Berechtigung, wie der berühmte Einzelfall eine Einwanderung nach Deutschland und Europa fordern könnten. Zudem wäre es scheinheilig, mit einigen humanitären Musterfällen sein Gewissen zu beruhigen und zu hoffen, daß die anderen Vergleichsfälle im Elend ihrer Heimat zurückbleiben.

Hierbei ist noch zu berücksichtigen, daß die meisten Asylbewerber aus den wohlhabenderen Schichten ihrer Heimat stammen. Nur sie können die hohen Reisekosten und die meist noch wesentlich höheren Kosten für die Schlepperorganisation aufbringen.

Unter diesen Umständen ist es reine Heuchelei, wenn unsere humanitären Kreise das Märchen vom bettelarmen Asylbewerber verbreiten, der unseres Mitgefühls würdig sei. Im Gegenteil – der kleine Mann in Deutschland muß mit seinen Steuern »Privilegierte« unterstützen.

Ist dies noch zu verantworten – besonders wenn man bedenkt, daß in der Heimat dieser Leute, die man auf das hohe deutsche Sozialniveau hebt, die Kinder verhungern?

Ist es sozial, gerecht und human, für diese Asylschwindler 5–6 Milliarden Mark jährlich auszugeben, während man mit dem gleichen Betrag vielen Millionen Bedürftigen in den Entwicklungsländern wirksam helfen könnte?

Sollen wir also privilegierte Schwindler unterstützen und scheinheilig darauf vertrauen, daß sich die große Masse der Hungernden die Reise in die Bundesrepublik nicht leisten kann?

Dies sollten insbesondere jene Richter bedenken, die an den obersten Gerichten Grundsatzentscheidungen von erheblicher rechtspolitischer Bedeutung treffen. Der Gleichbehandlungsgrundsatz muß über allem stehen und ihre Urteile müssen auch dann noch akzeptabel sein, wenn alle vergleichbaren Ausländer von den in diesen Urteilen festgestellten Rechten Gebrauch machen würden. Eine Rechtsprechung, die allein auf der Hoffnung beruht, daß nicht alle Berechtigten von ihr Gebrauch machen, kann nicht nur eine Katastrophe auslösen, sondern ist auch schlichtweg ungerecht, da sie zumindest im Geiste den Gleichheitssatz mißachtet.

Es besteht für jeden, der die Dimensionen kommender Einwanderungswellen erkennt, nicht der geringste Zweifel, daß die Auslegung des Art. 1 unseres Grundgesetzes durch das Bundesverwaltungsgericht, die zu einem einklagbaren humanitären Bleiberecht führt, unhaltbar ist, da sie einer Masseneinwanderung Tür und Tor öffnet.

Solche grundsätzlichen Einwanderungsentscheidungen sind in allen zivilisierten Ländern dieser Erde dem Gesetzgeber überlassen. Schließlich geht es dabei um eine Schicksalsfrage des Staates und seiner Bürger. Derartige Entscheidungsbefugnisse darf sich die Rechtsprechung niemals anmaßen. Dies widerspricht zumindest in einer Demokratie fundamental dem Gewaltenteilungsprinzip. Außerdem dürfte für jeden, der die Einwanderungsproblematik überblickt, verständlich sein, daß diese neue Anwendung des Art. 1 Grundgesetz nicht dem Willen der Väter des Grundgesetzes entspricht.

Wenn diese die Menschenwürde des Art. 1 in gleicher Weise interpretiert hätten, wie unsere Richter, wenn sie sie also auf die Verhältnisse im Ausland übertragen hätten, wäre es nicht mehr nötig gewesen, den Asylgrundrechtsartikel zu schaffen. Er wäre von Art. 1 Grundgesetz mit umfaßt worden, da eine Verfolgung aus politischen, rassischen oder religiösen Gründen in jedem Fall die Menschenwürde verletzt. Die Verfolgten hätten dann ihr Bleiberecht aus Art. 1 Grundgesetz herleiten können und deshalb ein Asylgrundrecht nicht nötig.

Daraus läßt sich der Schluß ziehen, daß unserem Staat nur bei Verfolgungen im Rahmen des Asylrechts Aufnahmeverpflichtungen auferlegt werden sollten, nicht jedoch in sonstigen humanitären Fällen.

Es ist auch absurd, die im Weltmaßstab winzige Bundesrepublik für alle menschenunwürdigen Verhältnisse dieser Erde moralisch oder rechtlich indirekt haftbar zu machen. Wer so argumentiert, könnte ebensogut die Bundesrepublik für jedes verhungerte Kind der Dritten Welt moralisch oder rechtlich indirekt verantwortlich machen, da sie nicht alles ihr finanziell Mögliche tut, um den Hunger zu bekämpfen.

Die rechtliche Verantwortlichkeit eines Staates ist immer auf sein Territorium begrenzt. Alle Erwägungen humanitärer Art müssen daher allein der politischen Entscheidung überlassen bleiben. So können Härtefälle, in denen eine Abschiebung aus zwingenden humanitären Gründen unterbleiben sollte, von der Verwaltung und von den Petitionsausschüssen der Parlamente entschieden werden.

Unsere Verfassung sieht in Art. 20 Grundgesetz auch das Sozialstaatsprinzip vor, das es verbietet, unser Wirtschafts- und Sozialsystem Einwanderungsströmen auszusetzen, unter denen es unvermeidbar zusammenbrechen müßte. Die Auslegung des Art. 1 Grundgesetz durch die Verwaltungsgerichte verstößt daher zumindest mittelbar auch gegen Art. 20 Grundgesetz.

Da – trotz aller Gegenargumente – nicht zu erwarten ist, daß das Bundesverwaltungsgericht von seiner Rechtsprechung zur Menschenwürde wieder abweichen wird, besteht lediglich die Hoffnung, daß das Bundesverfassungsgericht, das bisher über diese Rechtsfrage noch nicht entschieden hat, die politischen, wirtschaftlichen und sozialen Gesichtspunkte in den richtigen Bezug zu den rechtlichen Überlegungen setzt und vor allem den Verstoß der Verwaltungsrechtsprechung gegen das Gewaltenteilungsprinzip erkennt. Erfahrungsgemäß besitzen die Richter des Bundesverfassungsgerichts in solchen wichtigen Fragen wesentlich mehr Weitsicht, als bestimmte Verwaltungsrichter.

Voraussetzung für eine Korrektur der Rechtsprechung des Bundesverwaltungsgerichtes ist jedoch, daß dem Bundesverfassungsgericht die Rechtsfrage zur Entscheidung vorgelegt wird. Diese Vorlage ist den staatlichen Vertretern nach der derzeitigen Rechtslage aufgrund einer Gesetzeslücke nicht möglich. Bei uns kann zwar jeder Ausländer mittels Verfassungsbeschwerde das Bundesverfassungsgericht anrufen, wenn er meint – etwa durch ein Urteil – in seinen Grundrechten verletzt zu sein. Wenn Verwaltungsgerichte bei einer Entscheidung gegen den Staat (als Exekutive) die Verfassung falsch auslegen, kann dieser dagegen jedoch nicht das Bundesverfassungsgericht anrufen, obwohl er die Interessen von ca. 60 Millionen Bürgern vertritt.

Der Bundesgesetzgeber könnte diese Gesetzeslücke relativ einfach mittels einer geringfügigen Ergänzung des Bundesverfassungsgerichtsgesetzes schließen und der Exekutive ein entsprechendes Vorlagerecht vor dem Bundesverfassungsgericht ermöglichen.

Der Bundestag müßte nur mit einfacher Mehrheit einen § 13 a ins Bundesverfassungsgerichtsgesetz einfügen. Dieser müßte wie folgt lauten: »Das Bundesverfassungsgericht entscheidet auf Antrag nach Ausschöpfung des Rechtsweges über gerichtliche Entscheidungen gegen den Bund, die Länder oder öffentlich-rechtliche Körperschaften, die auf unmittelbarer Anwendung von Grundrechten des Grundgesetzes beruhen und grundsätzliche Bedeutung haben. Der Antrag ist binnen eines Monats nach Zustellung der gerichtlichen Entscheidung schriftlich beim Bundesverfassungsgericht einzureichen.«

Ein Vorlagerecht des Staates vor dem Bundesverfassungsgericht könnte also relativ leicht geschaffen werden. Das Problem und der Lösungsvorschlag sind in Bonn bekannt. Trotzdem ist bisher nichts in dieser Richtung geschehen. Offenbar will man auch hier wieder einmal so lange warten, bis unübersehbarer Schaden für die Bundesrepublik entstanden ist, bevor man sich dazu aufrafft, die notwendigen Gesetzesinitiativen zu ergreifen.

Hierbei ist insbesondere zu bedenken, daß auch nach Erlaß des Gesetzes einige Zeit verstreichen dürfte, bis das Bundesverfassungsgericht die hier behandelte Grundsatzfrage der Auslegung des Art. 1 Grundgesetz entscheiden könnte. Aber auch hier wird das Problem eisern ignoriert, solange es nicht ständiger Inhalt der Massenmedien geworden ist. Bedarf es noch eines weiteren Beweises, um zu demonstrieren, daß in Bonn nur noch verwaltet, nicht jedoch regiert wird?

Schlußwort

Alle, die – aus welchen Gründen auch immer – an einem weiteren Einwanderungsfluß nach Deutschland interessiert sind, werden mir vorwerfen, daß ich in diesem Buch ein unrealistisches Katastrophenszenario entworfen habe.

Bisher sei doch alles gut gegangen und es sei nicht einzusehen, warum es nicht auch weiterhin so bleiben werde.

Gewisse Probleme in der Zukunft seien zwar einzuräumen. Man erwarte jedoch, daß die Menschheit schon irgendwie mit ihnen fertig werde.

Die gleichen Leute stellen dann häufig Milchmädchenrechnungen an, wie man etwa die landwirtschaftliche Produktion weltweit noch steigern und »gerecht« verteilen könnte. Man errechnet so, wieviel Milliarden Menschen auf dieser Erde (unter Zugrundelegung des Existenzminimums) leben könnten und stellt fest, daß das »Boot« noch lange nicht voll sei.

Abgesehen von der Irrealität einer gleichmäßigen Verteilung der weltweit möglichen maximalen Nahrungsproduktion wird diese Rechnung ohne den »Wirt Natur« gemacht. Wenn alles vernünftig betrieben würde, wäre tatsächlich eine erhebliche Nahrungsmittelproduktionssteigerung möglich. Dies geschieht jedoch nicht – im Gegenteil, es werden, wie ich bereits ausgeführt habe, jedes Jahr gewaltige Ackerbauflächen durch hemmungslosen Raubbau für immer ruiniert. Zudem sind auch Produktionssteigerungen mittels künstlicher Düngung usw. aufgrund der eingeschränkten Ressourcen nicht uferlos möglich.

Weitere völlig unabsehbare Probleme, die die Nahrungsmittelproduktion weltweit ganz erheblich senken könnten, entstehen durch die möglichen Klimaveränderungen, die von Experten aufgrund der Anreicherung der Atmosphäre mit Kohlendioxid prophezeit werden.

Dadurch würden nicht nur viele fruchtbare Tiefebenen überschwemmt, in denen bisher die große Masse der Nahrungsmittel produziert wurde, sondern auch viel fruchtbares Ackerland in Wüsten verwandelt.

Wer daher realistisch in die Zukunft blickt und Vorsorge für die kommenden Generationen treffen will, muß langfristig eher mit einer weltweiten Reduzierung der Nahrungsmittelproduktion, als mit einer Erweiterung rechnen.

Unsere »Berufsoptimisten«, denen meist nicht nur die notwendigen Kenntnisse, sondern auch eine ausreichende Kritikfähigkeit fehlt, greifen jedoch nach jeder Theorie – und sei sie auch noch so abwegig und noch so leicht zu widerlegen – um ihren hoffnungsvollen Blick in die Zukunft zu rechtfertigen.

Sie wollen einfach optimistisch sein – und sei es auch nur, weil sie seelisch die Belastung durch die drohenden Probleme und Katastrophen nicht aushalten würden. Naheliegenderweise finden sie auch viele Anhänger. Man darf sich hierbei nicht von den Katastrophengemälden, die die Umweltschützer mit massiver Medienunterstützung zeichnen, täuschen lassen. Viele Menschen kokettieren zwar mit diesen grünen Thesen, verhalten sich dann jedoch im übrigen so, als ob diese Thesen niemals Realität werden könnten. Dies erklärt vermutlich auch, warum die Grünen für eine Masseneinwanderung nach Deutschland plädieren, obwohl sie doch wissen müßten, daß damit die Umweltprobleme hier ins Unerträgliche gesteigert würden. Man spielt also nur mit Katastrophengedanken, glaubt jedoch nicht ernsthaft daran. Oder man hofft entsprechend der menschlichen Natur, daß alles schon irgendwie gutgehen werde.

Erst wenn der Kanonendonner zu hören ist und die Granaten in unmittelbarer Nachbarschaft einschlagen, beginnen die Menschen an den Endsiegparolen zu zweifeln.

Mit den Umweltkatastrophen wird es ähnlich sein. Erst wenn die verheerenden Auswirkungen für jedermann offensichtlich und spürbar werden, wird man wirklich begreifen, was geschehen ist. Dann dürfte es jedoch bereits zu spät sein.

Das gleiche gilt für die Frage einer Masseneinwanderung. Alles wird nur aus dem gegenwärtigen Blickwinkel betrachtet. Niemand bedenkt, daß es mit unserer blühenden Wirtschaft eines Tages sehr schnell zu Ende sein könnte.

Was dann geschieht – insbesondere, wenn inzwischen viele Millionen zusätzliche Einwanderer aus den Armutsländern eingewandert sein sollten, wollen viele nicht zur Kenntnis nehmen.

Wer aber darüber nachdenkt, muß erkennen, daß die Zustände so grauenerregend werden könnten, daß die Verhältnisse nach 1945, als die meisten Deutschen hungerten, vergleichsweise harmlos erscheinen müssen.

Die führenden Politiker könnten zwar theoretisch einiges für die Zukunftssicherung tun. Ihre Zeit und Energie wird jedoch völlig von relativ belanglosen Gegenwartsproblemen aufgebraucht.

Wenn es nach den Grundsätzen der Vernunft ginge, müßten sie sich mit aller Kraft den Zukunftsproblemen widmen und auch unpopuläre Maßnahmen beschließen.

Es erscheint einfach unvorstellbar, daß unsere Politiker die weltweiten Gefahren der Bevölkerungsexplosion und Umweltvernichtung allenfalls rhetorisch behandeln, sie bei ihren Entscheidungen jedoch meist völlig ignorieren. Dies gilt insbesondere im Hinblick auf die Einwanderungsproblematik.

Auch für unsere Politiker müßte es inzwischen erkennbar geworden sein, daß unser Wirtschaftswunder an den seidenen Fäden einer florierenden Weltwirtschaft und kostengünstiger Rohstofflieferungen hängt. In neuerer Zeit mehren sich die Anzeichen, daß diese Fäden einmal sehr schnell reißen könnten.

Die Ölkrise in den siebziger Jahren war ein erstes Menetekel. Auch hinsichtlich der Weltwirtschaft sind bedrohliche Entwicklungen erkennbar.

Die bereits lang andauernde hohe Arbeitslosenquote in vielen Industrieländern, die hohe Verschuldung vieler Staaten – insbesondere der Entwicklungsländer – und die nicht mehr steuerbaren Devisenbewegungen könnten in absehbarer Zeit böse Folgen für die Weltkonjunktur haben. Außerdem ist zweifelhaft, wie lange unser technischer Vorsprung anhält, von dem die Höhe unseres Lohnniveaus − im Verhältnis zu den »Billiglohnländern« − abhängt. Neben diesen erkennbaren Problemen, denen wir wohl kaum allen entrinnen können, sind noch viele unvorhergesehene negative Entwicklungen denkbar, die Sand ins Getriebe unserer Wirtschaft und unseres darauf beruhenden Wohlstandes bringen können.

Wem daher das Wohl der deutschen und europäischen Bevölkerung am Herzen liegt, der kann aufgrund dieser bereits jetzt erkennbaren Zukunftsprobleme nicht für eine weitere Masseneinwanderung aus den Entwicklungsländern in den europäischen Raum plädieren.

Ein solches Verhalten wäre schlichtweg verantwortungslos gegenüber der europäischen Bevölkerung und vor allem gegenüber den zukünftigen Generationen.

Die Lösung kann daher nur lauten: Konsequente Abschirmung Europas vor einer Einwanderung aus den Entwicklungsländern. Nur so hat die europäische Bevölkerung eine Chance, das 21. Jahrhundert zu überleben.

Völkerwanderungen waren immer katastrophal für die Länder, in die sich die Menschenmassen bewegten.

Am katastrophalsten ist jedoch eine Völkerwanderung in Gebiete, die − wie Europa − bereits übervölkert sind. Hier müßte sie zwangsläufig zu Katastrophen, die mit Mord und Totschlag enden, führen.

Wer kann das verantworten?

Keine Religion und keine Morallehre, die sich nicht selbst ad absurdum führen würde, könnte den kollektiven Selbstmord eines Volkes (hier sogar der europäischen Völker) fordern. Die Einwanderungsbefürworter begründen ihre Politik mit unserer angeblichen humanitären und religiösen Verpflichtung und schieben damit alle logischen Einwände beiseite.

Sie folgen also nicht der Vernunft, sondern unterwerfen sich und andere der Diktatur ihrer Emotionen und Ideologien. Auch das berühmt-berüchtigte trojanische Pferd wurde trotz aller Warnungen und gegen jede Logik von den Trojanern aus »religiösen Gründen« in ihre Stadt gebracht. Aus ihm entstiegen dann die Griechen, die die Stadttore öffneten und die Vernichtung Trojas einleiteten.

Selbst im alten Troja wußten offenbar die »Meinungsmacher« schon, daß man auch die unvernünftigste Politik mit religiös-emotionaler Argumentation durchsetzen und die mit logischen Argumenten arbeitenden Warner ausschalten kann.

Nach dem gleichen System arbeiten heute unsere »Einwanderungspolitiker«.

Derartige Propagandamethoden mögen in vielen politischen Bereichen relativ ungefährlich sein.

Bei der Einwanderung geht es jedoch – auch wenn dies viele offenbar noch nicht erkannt haben – um unser Überleben. Daher müssen alle emotionalen und humanitären Überlegungen zurücktreten und die zwingenden Gebote der Logik konsequent mit der notwendigen Härte befolgt werden. Nur so läßt sich der Anspruch der eigenen Bevölkerung auf humane Lebensbedingungen noch verteidigen.

Wer in humanitärem oder religiös-sektiererhaftem Wahn glaubt, alles Elend der Welt nach Deutschland und Europa importieren zu müssen, um gemeinsam alles Leid zu tragen und schließlich gemeinsam unterzugehen, unterscheidet sich nicht von jenem amerikanischen Sektenführer, der vor einigen Jahren Hunderten seiner Anhänger den kollektiven Selbstmord befahl.

Sicher wollen die meisten Einwanderungsbefürworter diesen sektiererischen Wahnsinn nicht bis zum bitteren Ende mitmachen. Sie sollten allerdings endlich erkennen, daß ihre Politik unvermeidbar zu genau diesem Wahnsinn führt.

Eine Steuerung solcher Einwanderungsbewegungen unter konjunkturellen oder sonstigen Gesichtspunkten ist praktisch unmöglich. Wenn man die Tore einmal geöffnet hat und sich die Menschenlawine aus der Dritten Welt in Bewegung gesetzt hat, kann niemand mehr die hereinströmenden Massen aufhalten.

Es ist daher für uns alle überlebensnotwendig, daß wir die Einwanderungsfrage völlig ideologiefrei allein unter dem Gesichtspunkt der Vernunft behandeln. Auch wenn dies hart erscheinen mag, müssen alle humanitären Erwägungen dieser Vernunft untergeordnet werden. Nur so kann die europäische Bevölkerung vor der ungeheueren Bedrohung einer Masseneinwanderung aus der Dritten Welt geschützt werden.

Wenn daher nicht alsbald in unserer öffentlichen – und veröffentlichten – Meinung ein konsequenter Wandel zur Vernunft stattfindet, ist der Untergang Europas vorprogrammiert.

Hoffentlich ist es nicht bereits zu spät!

Entwicklung der Asylbewerberzahlen
in der Bundesrepublik Deutschland

Jahr	Personen
Zwischen 1953 und 1963 kamen jährlich ca. 2000 bis 3000 Bewerber	
1964	4 542
1965	4 337
1966	4 370
1967	2 992
1968	5 609
1969	11 664
1970	8 645
1971	5 388
1972	5 289
1973	5 595
1974	9 424
1975	9 627
1976	11 123
1977	16 410
1978	33 136
1979	51 493
1980	107 818
1981	49 381
1982	37 423
1983	19 737
1984	35 278
1985	73 832
1986	99 650
1987	57 379
1988	103 076

1989 kamen bis einschließlich September 86 695 Bewerber, dies entspricht einer Zunahme von 27 Prozent gegenüber dem gleichen Vorjahreszeitraum.